Clemens Bechter

Make or Buy?

Clemens Bechter

Make or Buy?

Entwicklung eines Modells zur Entscheidungsfindung bei der Bestimmung über Eigenfertigung oder Fremdbezug

VDM Verlag Dr. Müller

Impressum/Imprint (nur für Deutschland/ only for Germany)
Bibliografische Information der Deutschen Nationalbibliothek: Die Deutsche Nationalbibliothek verzeichnet diese Publikation in der Deutschen Nationalbibliografie; detaillierte bibliografische Daten sind im Internet über http://dnb.d-nb.de abrufbar.
 Alle in diesem Buch genannten Marken und Produktnamen unterliegen warenzeichen-, marken- oder patentrechtlichem Schutz bzw. sind Warenzeichen oder eingetragene Warenzeichen der jeweiligen Inhaber. Die Wiedergabe von Marken, Produktnamen, Gebrauchsnamen, Handelsnamen, Warenbezeichnungen u.s.w. in diesem Werk berechtigt auch ohne besondere Kennzeichnung nicht zu der Annahme, dass solche Namen im Sinne der Warenzeichen- und Markenschutzgesetzgebung als frei zu betrachten wären und daher von jedermann benutzt werden dürften.

Coverbild: www.purestockx.com

Verlag: VDM Verlag Dr. Müller Aktiengesellschaft & Co. KG
Dudweiler Landstr. 99, 66123 Saarbrücken, Deutschland
Telefon +49 681 9100-698, Telefax +49 681 9100-988, Email: info@vdm-verlag.de

Herstellung in Deutschland:
Schaltungsdienst Lange o.H.G., Berlin
Books on Demand GmbH, Norderstedt
Reha GmbH, Saarbrücken
Amazon Distribution GmbH, Leipzig
ISBN: 978-3-639-15720-8

Imprint (only for USA, GB)
Bibliographic information published by the Deutsche Nationalbibliothek: The Deutsche Nationalbibliothek lists this publication in the Deutsche Nationalbibliografie; detailed bibliographic data are available in the Internet at http://dnb.d-nb.de .
Any brand names and product names mentioned in this book are subject to trademark, brand or patent protection and are trademarks or registered trademarks of their respective holders. The use of brand names, product names, common names, trade names, product descriptions etc. even without a particular marking in this works is in no way to be construed to mean that such names may be regarded as unrestricted in respect of trademark and brand protection legislation and could thus be used by anyone.

Cover image: www.purestockx.com

Publisher:
VDM Verlag Dr. Müller Aktiengesellschaft & Co. KG
Dudweiler Landstr. 99, 66123 Saarbrücken, Germany
Phone +49 681 9100-698, Fax +49 681 9100-988, Email: info@vdm-publishing.com

Copyright © 2009 by the author and VDM Verlag Dr. Müller Aktiengesellschaft & Co. KG and licensors
All rights reserved. Saarbrücken 2009

Printed in the U.S.A.
Printed in the U.K. by (see last page)
ISBN: 978-3-639-15720-8

Vorwort

Die Idee zur vorliegenden Arbeit entstand während meines Berufspraktikums bei der AUDI AG, als die Bereitstellungsform von Blecheinzelteilen im Laufe eines neuen Fahrzeugprojektes zu entscheiden war. Die für die Entscheidung verantwortlichen Personen wünschten sich für die Zukunft einen umfassenden, transparenten und nachvollziehbaren Entscheidungsprozess.

Durch vorliegende Arbeit wurde aufgezeigt, wie eine zeitgemäße Bewertung über Eigenfertigung oder Fremdbezug hinsichtlich Kostenrechnung und strategischer Richtigkeit aussieht. Heute wird das Modell in der Praxis angewandt.

An dieser Stelle möchte ich all jenen danken, die mich bei der Verfassung dieser Arbeit unterstützten.

Mein besonderer Dank gilt meinem Betreuer der AUDI AG, Herrn Dipl.Ing (Univ.) Sören Knott und seinen Mitarbeitern Herrn Josef Ippi, Andreas Porschert und Herrn Dipl.Ing (FH) Tobias Habla für die mir zu jeder Zeit entgegengebrachte großzügige Unterstützung. Mein besonderer Dank gilt des Weiteren Frau Dipl.Ing. Karla Hirtreiter. Der Gedankenaustausch mit ihr hat die vorliegende Arbeit wesentlich gefördert.

Abschließend möchte ich meiner Familie von ganzem Herzen danken.

Clemens Bechter

Kurzfassung

Make-or-Buy-Entscheidungen sind im Wesentlichen durch zwei Komponenten gekennzeichnet. Sie besitzen sowohl quantifizierbare, direkt monetär messbare Entscheidungskomponenten, als auch qualitative Entscheidungskomponenten, welche nicht direkt in Geldeinheiten erfassbar sind. Make-or-Buy-Entscheidungen müssen derart ausgerichtet werden, dass sie die Unternehmensstrategie und somit das Erfolgspotential des Unternehmens bestmöglich unterstützen. In dieser Arbeit wird zuerst auf die aktuellen wesentlichen Ansätze der Literatur hinsichtlich der Kosten und Strategie bei der Bewertung einer Make-or-Buy-Entscheidung eingegangen. Anschließend werden die monetären, insbesondere kostenrechnerische Methoden und qualitativen Entscheidungskomponenten einer Make-or-Buy-Entscheidung diskutiert. Abschließend wird, aufbauend auf den zuvor diskutierten Bausteinen, ein Modell zur Bewertung von Make-or-Buy-Situationen, angepasst an die Anforderungen der Fertigungsplanung der AUDI AG an Bleicheinzelteile, entwickelt und vorgestellt. Dabei wird auch deutlich, dass sich Make-or-Buy-Entscheidungen hinsichtlich eines identischen Einzelteiles mit den gegebenen Rahmenbedingungen verändern. Dies wurde in einer beispielhaften Anwendung des Modells ersichtlich. Als die Parameter Stückzahl und Auslastungssituation verändert wurden, änderte sich auch die Empfehlung des Modells hinsichtlich der Bezugsart.

Inhaltsverzeichnis

Vorwort I
Kurzfassung II
Inhaltsverzeichnis III
Darstellungsverzeichnis VI
Abkürzungsverzeichnis VI

1 Einleitung 1
   1.1 Aufbau der Arbeit 1
   1.2 Problemstellung 2

2 Grundlagen zum Thema „Make or buy" 3
   2.1 Definition des Begriffes Make-or-Buy 3
      2.1.1. Definition des Begriffes Make 3
      2.1.2. Definition des Begriffes Buy 4
   2.2 Definition Outsourcing 4
   2.3 Definition Fertigungstiefe 5
   2.4 Charakterisierung von Make-or-Buy Entscheidungen 5

3 Relevante Ansätze in der Literatur 10
   3.1 Produktionskostenorientierte Ansätze 10
      3.1.1. Traditioneller, statischer Kostenvergleich 10
      3.1.2. Dynamischer Investitionsansatz 13
   3.2 Transaktionskostentheoretischer Ansatz 14
      3.2.1. Darstellung der transaktionskostentheoretischen Situation 16
      3.2.2. Schlussfolgerungen 20
   3.3 Strategische Ansätze 21
      3.3.1 Ansatz von Porter 21
      3.3.2 Ansatz von Harrigan 23

4 Qualifizierbare Entscheidungskomponenten 26
   4.1 Strategie als Entscheidungsfaktor 26
   4.2 Qualifizierbare Entscheidungskriterien 28
      4.2.1. Auswirkungen auf die nächste Fertigungsstufe 28
      4.2.2. Beschäftigung 29
      4.2.3. Bestandssicherung von Zulieferern 29
      4.2.4. Einzelteil - Qualität 29
      4.2.5. Flexibilität - Änderungen 30
      4.2.6. Flexibilität - Stückzahl 31
      4.2.7. Kapazität 31
      4.2.8. Kernkompetenzen 32
      4.2.9. Know-how Transfer 35
      4.2.10. Liquidität 36
      4.2.11. Prozessinnovation bzw. – verbesserung 36

4.2.12. Personalverhalten 37
4.2.13. Risiken 37
4.2.14. Unabhängigkeit 38
4.2.15. Versorgungssicherheit 38
4.2.16. Schlussfolgerungen 39

5 Quantifizierbare Entscheidungskomponenten 41
5.1 Grundlegende Begriffe 41
    5.1.1. Vollkosten 41
    5.1.2. Teilkosten 41
    5.1.3. Grenzkosten 42
    5.1.4. Fixkosten 42
    5.1.5. Variable Kosten 42
    5.1.6. Einzelkosten 43
    5.1.7. Herstellkosten 43
    5.1.8. Selbstkosten 43
5.2 Systeme der Kostenrechnung 43
    5.2.1. Vollkostenrechnung 45
    5.2.2. Prozesskostenrechnung 47
    5.2.3. Teilkostenrechnung 51
    5.2.4. Schlussfolgerungen 59
5.3 Kostenerfassung der internen Fertigung 59
    5.3.1. Entscheidungsrelevante Kosten bei Unterauslastung 60
    5.3.2. Entscheidungsrelevante Kosten bei Vollauslastung 61
    5.3.3. Entscheidungsrelevante Kosten bei Kapazitätsaufbau 61
    5.3.4. Schlussfolgerungen 62
    5.3.5. Sensitivitätsanalyse 64
5.4 Kostenvergleich 65

6 Modell 69
6.1 Anforderungen an das Modell 69
6.2 Grundlagen der qualitativen Modellbildung 70
    6.2.1. Kriterienklassifizierung 70
    6.2.2. Einteilung der qualitativen Bewertungsverfahren 71
6.3 Nutzwertanalyse 73
6.4 Konzeption des Bewertungsmodells 76
    6.4.1. Zielkriterienbestimmung 76
    6.4.2. Gewichtung der Kriterien 79
    6.4.3. Festlegung der Bewertungsskala 82
    6.4.4. Festlegung der Mindestanforderungen 82
6.5 Präsentation und Erklärung des Modells 83
    6.5.1. K.O.-Kriterien: 84
    6.5.2. Quantitatives Kriterium 84
    6.5.3. Mindestanforderungen 85
    6.5.4. Kriteriengewichtung 85
    6.5.5. Bewertung 85

6.5.6. Errechnung des Gesamtscores der qualitativen Kriterien...............86
6.5.7. Bonus für qualitative Vorteilhaftigkeit...86
6.5.8. Gesamtkosten...86
6.6 Überprüfung des Modells anhand aktueller Teile....................................87
6.6.1. Seitenwandrahmen..87
6.6.2. Boden hinten Vorderteil (gerechnet auf die geschätzte
Gesamtstückzahl A4 – Nachfolger)...88
6.6.3. Boden hinten Vorderteil (gerechnet auf die geschätzte
Gesamtstückzahl Audi „Le Mans")...91

7 Schlussbetrachtung...**93**

Literaturverzeichnis..**96**

Darstellungsverzeichnis

Darstellung 1: Schematische Darstellung des Entscheidungsraumes......... 7
Darstellung 2: Transaktionskostentheoretische Situation 16
Darstellung 3: Strategieempfehlungen unter
Berücksichtigung von Auslagerungsbarrieren 20
Darstellung 4: Strategische Vor- und Nachteile einer
Integration in das Unternehmen 22
Darstellung 5: Bestimmung der Objekte für eine
Make-or-Buy-Entscheidung 32
Darstellung 6: Neue Systeme der Kostenrechnung 44
Darstellung 7: Systeme der Teilkostenrechnung 53
Darstellung 8: Kostenerfassung in einer
entscheidungsorientierten Situation......................................63
Darstellung 9: Zu überprüfende Einflussfaktoren auf die Gesamtkosten......65
Darstellung 10: Darstellung der Aufgabe des Modells.....................................69
Darstellung 11: Beispiel eines Notensystems 72
Darstellung 12: Beispiel eines 100-Punkte-Bewertungssystems 73
Darstellung 13: Beispielhafter Aufbau der Bewertungsmatrix........................79
Darstellung 14: Beispiel einer ausgefüllten Bewertungsmatrix 80
Darstellung 15: Beispiel einer aufgefüllten Bewertungsmatrix mit
Auswertung der relativen Gewichte....................................... 81
Darstellung 16: Festgelegte Mindestanforderungen
nach Teileklassifizierung 82
Darstellung 17: Schema des erarbeiteten Bewertungsmodells 83
Darstellung 18: Beispiel des Modells mit zutreffender Kernkompetenz.........87
Darstellung 19: Bewertung Boden hinten Vorderteil bei A4-Stückzahl 88
Darstellung 20: Bewertung Boden hinten Vorderteil
bei „Le Mans"-Stückzahl..91

Abkürzungsverzeichnis

A4   Fahrzeug der AUDI AG im B-Segment
I/PG-212   Fertigungsplanung Anbauteile, Kotflügel und Klappen
I/PG-221   Fertigungsplanung Modul Boden
I/PG-222   Fertigungsplanung Vor-/Hinterwagen
I/PG-231   Fertigungsplanung Aufbau
Le Mans   Zukünftiges Fahrzeug der AUDI AG im Sportwagensegment
OEM   Original Equipment Manufacturer

1 Einleitung

Koppelmann schreibt, dass durch eine Senkung der Beschaffungskosten um 1% (in Abhängigkeit der Branche) die gleiche Ergebniswirkung wie durch eine 8 bis 19 %ige Umsatzsteigerung im Vertrieb erzielt werden kann.[1]

Diese These unterstreicht die Bedeutung strategisch richtig getroffener Entscheidungen für die Unternehmungen und beschreibt damit unter anderem eine der Grundlagen für die derzeit in der Automobilindustrie breit geführten Diskussionen über die Eigenfertigungsanteile an der Gesamtwertschöpfung der Automobilhersteller. Während die Vielzahl der Hersteller, meist Massenmarken, ihren Eigenfertigungsanteil an der Gesamtwertschöpfung eines Automobils senken werden, ist zu beobachten, dass zur selben Zeit die Premiumhersteller ihre Eigenfertigungsanteile erhöhen.[2] Letzteres erfolgt hauptsächlich aus Qualitäts- und Differenzierungsmotiven im Wettbewerb.

Mit dieser Arbeit soll ein Beitrag zu einer fundierten Entscheidungsfindung des jeweils passenden Eigenleistungsanteils der Unternehmen, am Beispiel der AUDI AG geleistet werden. Im Rahmen dieser Arbeit wird auch dargestellt, wie die Basis für eine für das Unternehmen richtige Bezugsartenentscheidung geschaffen werden kann.

1.1 Aufbau der Arbeit

Es wird hierfür nachfolgend zuerst die Problemstellung erläutert und anschließend die relevanten Ansätze aus der Literatur aufgegriffen und diskutiert. In der Folge werden die qualitativen sowie die quantitativen

---

[1] Vgl. Koppelmann 2000, S. 7.
[2] Vgl. Mercer Management Consulting/Fraunhofer Gesellschaft 2004, S. 7.

Aspekte einer Make-or-Buy-Entscheidung aufgezeigt und darauf aufbauend ein Modell zur Bewertung einer Make-or-Buy-Situation erarbeitet, welches in der Lage sein soll, die Vor- bzw. Nachteilhaftigkeit der Alternativen aufzuzeigen und eine Handlungsempfehlung über Eigenfertigung oder Fremdbezug zu geben.

1.2 Problemstellung

Aktuell wird bei der AUDI AG bei der Auswahl zwischen den Bereitstellungsformen der Eigenfertigung oder dem Fremdbezug von Blecheinzelteilen der Karosserie in der Regel nach der Fertigungstiefe des Vorgängermodells entschieden. Dieser Prozess führt jedoch dazu, dass die AUDI AG von Modell zu Modell immer das gleiche Spektrum an Teilen selbst fertigt bzw. zukauft, ohne eine Untersuchung der Vorteilhaftigkeit der Alternativen durchgeführt zu haben. Dieser statische Prozess muss aufgrund der dynamischen Veränderungen des Marktes, der Kundenanforderungen und der Unternehmenssituation neu überdacht und an anderen Kriterien ausgerichtet werden, um sich den verändernden Gegebenheiten anpassen zu können. Ziel dieser Arbeit ist es daher ein Modell zur intersubjektiven Bewertung, das sowohl die kostenmäßige als auch die strategische Richtigkeit bestmöglich gewährleisten soll zu entwickeln.

2 Grundlagen zum Thema „Make or buy"

2.1 Definition des Begriffes Make-or-Buy

„Make or buy (dt. fertigen oder kaufen) ist die Überlegung, ob einzelne Komponenten des Produktspektrums im eigenen Unternehmen hergestellt werden (Eigenfertigung) oder ob es günstiger ist, diese Komponenten von Lieferanten zu kaufen (Fremdbezug)."[3]

Gemäß dieser Definition wird in der vorliegenden Arbeit unter Make-or-Buy-Entscheidung folglich eine Entscheidung verstanden, die sich mit den verschiedenen Bezugsarten, insbesondere der Eigenfertigung, dem Fremdbezug und Mischformen zwischen diesen, auseinandersetzt.
Eine Make-or-Buy-Entscheidung bezieht sich nicht nur auf Kosten. Eine fundierte Make-or-Buy-Entscheidung zieht viel mehr sowohl die Kosten als auch die strategische Dimension einer Entscheidung in Betracht um eine fundierte und differenzierte Aussage tätigen zu können.

Weitere dem Begriff Make-or-Buy zuzuordnenden Begriffe sind Make, Buy, Outsourcing, Fertigungstiefe und Wertschöpfung, welche im Folgenden definiert werden sollen.

2.1.1 Definition des Begriffes Make

Unter „Make" wird die Eigenerstellung eines Produktes oder einer Leistung verstanden. „Stellt man selber her, so kann man zentral planen, zentral Ziele setzen und auch Dinge in Angriff nehmen, deren Qualität man nur über ein Vertrauensverhältnis garantieren kann. Dafür entstehen aber im Unternehmen interne Koordinationskosten und es fallen die eigenen Herstellkosten an."[4]

---

[3] Vgl. (Wikipedia – die freie Enzyklopädie 2005a)
[4] Boutollier 2003, S. 155.

2.1.2 Definition des Begriffes Buy

Unter „Buy" wird die marktseitige Beschaffung einer benötigten Leistung oder eines Produktes verstanden, in diesem Zusammenhang wird auch oft der Terminus Fremdbezug verwendet. Unter die Kosten des Fremdbezuges fallen u.a. der Einstandspreis sowie die Kosten für die marktseitige Koordination[5], welche sich nach *Picot* weiter aufgliedern lassen in Anbahnungs-, Vereinbarungs-, Abwicklungs-, Kontroll- und Anpassungskosten.[6] Dieses Thema der Transaktionskosten wird im nächsten Kapitel ausführlicher behandelt.

2.2 Definition Outsourcing

Das Wort Outsourcing ist eine Wortschöpfung, sie bildet sich aus der Kombination von „outside", „resource" und „using".[7] Laut *Müller* und *Prangenberg* handelt es sich beim Outsourcing um Ausgliederung, Auslagerung oder Fremdvergabe, oder zusammengefasst um den Ressourcenbezug von Außen. Outsourcing bedeutet weg von der Eigenproduktion hin zum Fremdbezug. Weiters sind *Müller* und *Prangenberg* der Meinung, dass die anfängliche Euphorie bezüglich des Outsourcings als Allheilmittel sich zwischenzeitlich wieder relativiert und sogar eher ins Negative verkehrt hat. Es kann daraus gefolgert werden, dass damit die Chancen einer objektiven Prüfung der Für- und Wider-Argumente hinsichtlich des Outsourcing im Vergleich zu früheren Zeiten wachsen bzw. gewachsen sind.[8]

Im Zusammenhang mit Make-or-Buy wird Outsourcing teilweise auch als Sammelbegriff für alle extern bezogenen Leistungen verwendet, Outsourcing könnte demzufolge als ein mögliches spezifisches Ergebnis einer Make-or-

---

[5] Vgl. Boutellier 2003, S. 455.
[6] Vgl. Picot 1991, S. 344.
[7] Vgl. Müller/Prangenberg 1997, S. 29.
[8] Vgl. Müller/Prangenberg 1997, S. 29.

Buy-Entscheidung aufgefasst werden, es wird daher teilweise als Synonym für den Fremdbezug verwendet.

2.3 Definition Fertigungstiefe

„Die Fertigungstiefe ist der Anteil der Fertigungsprozesse, die vom Endhersteller selbst durchgeführt werden."[9] Eine Fertigungstiefe von 0% bedeutet, dass die Unternehmung keine eigene Produktion oder Veredelung von Produkten besitzt wie z.B. der Handel oder die Dienstleistungsbranche. Eine Fertigungstiefe von 100% bedeutet, dass das Unternehmen in vollständiger Autarkie seine Produkte erstellt. Ein Beispiel hierfür wäre, dass das Unternehmen Erz selbst gewinnt, zu Stahl verarbeitet und dann den Stahl über mehrere Fertigungsstufen zum Endprodukt wie z.B. einem Topf oder Ähnlichem weiterverarbeitet. Die Fertigungstiefe hat ökonomisch bedingt ein unternehmensspezifisches Optimum.[10] Der Begriff der strategischen Fertigungstiefenentscheidung korreliert eng mit der strategischen Make-or-Buy-Entscheidung. Viele Make-or-Buy-Entscheid-ungen haben Auswirkungen auf die Fertigungstiefe, es werden im Unternehmen aber auch Make-or-Buy-Entscheidungen getroffen, die die Fertigungstiefe nicht tangieren.[11]

2.4 Charakterisierung von Make-or-Buy Entscheidungen

Die Frage nach dem ‚Make-or-Buy' kann sich ein Unternehmen nur dann stellen, wenn sowohl die Eigenfertigung als auch der Fremdbezug theoretisch möglich wären. Möglich wären auch Mischformen zwischen der ausschließlichen Eigenfertigung und dem reinen Fremdbezug, sofern das zur Disposition stehende Volumen teilbar ist. Ob und wie das Leistungsvolumen zwischen den Bereitstellungsformen aufgeteilt werden soll, wäre selbstverständlich zu

---

[9] Vgl. (Wikipedia – die freie Enzyklopädie 2005b)
[10] Vgl. (Wikipedia – die freie Enzyklopädie 2005b)
[11] Vgl. Mikus 2001, S. 28.

berechnen und das Optimum auszuwählen.[12] Entscheidungsprobleme hinsichtlich der Eigenerstellung oder des Fremdbezugs von Gütern und Dienstleistungen lassen sich in allen Wirtschaftszweigen vorfinden. Make-or-Buy-Entscheidungen sind des Weiteren auch in verschiedensten Unternehmensbereichen zu fällen, so z.B. in der Produktion, in der Materialwirtschaft/Logistik, in der Forschung und Entwicklung, der Verwaltung und im Absatz sowie weiteren Bereichen.[13]

Make-or-Buy-Entscheidungen können hinsichtlich ihrer zeitlichen Dimension differenziert werden. Diese Arbeit orientiert sich grundsätzlich an der Einteilung von Mikus, welche die Make-or-Buy-Entscheidungen in strategische (langfristige), taktische (mittelfristige) sowie in operative (kurzfristige) Entscheidungen unterteilt.[14] In der vorliegenden Arbeit wird angesichts der zugrunde liegenden Problemstellung mit einem Planungshorizont von ca. 8 Jahren nur auf die taktischen und strategischen Make-or-Buy-Entscheidungen eingegangen. Ein wesentliches Unterscheidungsmerkmal der Entscheidungen ist ihre Wiederholhäufigkeit. Operative Entscheidungen werden häufig getätigt und wiederholt, strategische Entscheidungen eher selten.[15]

Im Rahmen dieser Arbeit wird ausschließlich auf die Extreme der Bereitstellungsformen, d.h. die ausschließliche Eigenfertigung oder den ausschließlichen Fremdbezug Bezug genommen. Die Nicht-Beachtung von Mischformen resultiert daraus, dass vorgängig erhebliche Werkzeuginvestitionen notwendig sind und deshalb eine Doppelanfertigung der Werkzeuge nicht in Frage kommt. Ein weiterer Grund für die Unmöglichkeit von Mischformen des Bezuges ist, dass, Einzelteile aus verschiedenen Werkzeugsätzen niemals identisch sein würden, obwohl Werkzeuge für ein-

---

[12] Vgl. Mikus 2001, S. 16.
[13] Mikus 2001, S. 19-24.
[14] Vgl. Mikus 2001, S.14-16.
[15] Vgl. Mikus 2001, S.14-16.

und dasselbe Einzelteil angefertigt werden. Diese Abweichungen werden aus Qualitätsgründen und aufgrund der hohen Aufwendungen für die Abstimmung nicht in Kauf genommen. Diese Gründe sind ausschlaggebend dafür, dass in weiterer Folge alle Mischformen der Bereitstellung zwischen Eigenfertigung und Fremdbezug ausgeschlossen werden. Des Weiteren wird innerhalb dieser Arbeit auf die Richtigkeit der Entscheidung innerhalb einer Fertigungsstufe (Blecheinzelteile) eingegangen und es werden Hinweise auf die Beachtung der nächsten Fertigungsstufe gegeben. Allerdings werden aber keine Optimierungsverfahren über mehrere Fertigungsstufen hinweg behandelt.

Der Entscheidungsraum einer Make-or-Buy-Entscheidung kann in folgender Darstellung verdeutlicht werden.

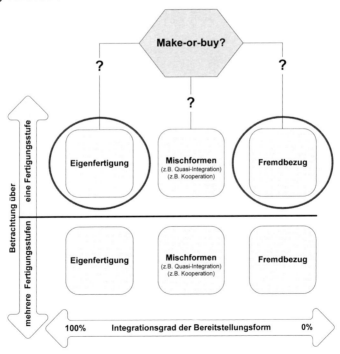

Darstellung 1: Schematische Darstellung des Entscheidungsraumes

Die Entscheidungssituation kann hinsichtlich der Betrachtung der Fertigungsstufen sowie des Integrationsgrades der Bereitstellungsform im Unternehmen differenziert werden. Es besteht die Möglichkeit eine Make-or-Buy-Entscheidung innerhalb einer Fertigungsstufe bzw. über mehrere Fertigungsstufen zu optimieren. Des Weiteren lässt sich das Entscheidungsfeld durch den Integrationsgrad der Bereitstellungsform differenzieren. Der Integrationsgrad reicht von 100 Prozent, oder der Eigenfertigung, bis zum Fremdbezug mit einem Integrationsgrad von 0 Prozent in das Unternehmen. Zwischen diesen Extremen der Bereitstellungsformen ist natürlich jede beliebige Variation der Zusammenarbeit denkbar, diese Mischformen reichen von einem Integrationsgrad von einem Prozent bis zu 99 Prozent.

Make-or-Buy-Entscheidungen betreffen häufig mehrere Unternehmensbereiche gleichzeitig. Sie können sich auf die Struktur und Entwicklung des gesamten Unternehmens auswirken, indem sie neben dem Ausmaß an intern auszuführenden Entwicklungs- und Leistungserstellungsprozessen folgende Eigenschaften von Unternehmen beeinflussen[16]:

- die Anforderungen an die Maschinenausstattung, die Kapazitäten, die Fertigung- und Lagerstandorte sowie die Organisation der Produktion und der Logistik,
- den Investitionsbedarf und daraus resultierend Höhe, Zweck und Zeitpunkt der langfristigen Bindung finanzieller Mittel des Unternehmens,
- den Umfang des Beschaffungsprogramms,
- die Relevanz der Funktionsbereiche (insbesondere Beschaffungs- und Fertigungsbereich) im Unternehmen und damit verbunden die Verteilung der Ressourcen,
- die Quantität und die Qualifikation des benötigten Personals und damit die Knowhow-Basis des Unternehmens sowie das Beschaffungsrisiko,

---

[16] Vgl. Picot 1991, S. 338.

- die Höhe und Struktur der Kosten,
- die produktionswirtschaftliche Flexibilität sowie
- die Stellung des Unternehmens gegenüber den Marktpartnern.[17]

Make-or-Buy-Entscheidungen sind bereits bei der Unternehmensgründung zu treffen und grundsätzlich in zwei Kategorien zu unterteilen:

- in die erstmalige Festlegung des Bereitstellungsweges sowie
- die Entscheidung über einen Wechsel oder die Fortführung einer Bereitstellungsart.

In der Literatur sind mehrere Verweise auf die besondere Bedeutung von Make-or-Buy-Entscheidungen in Industrieunternehmen mit komplexen mehrstufigen Fertigungsprozessen zu finden[18,19], in denen unter anderem Erzeugnisse aus mehreren Stoffen und Vorfabrikaten wie in der Automobilindustrie, gefertigt werden. In dieser Arbeit wird ebenfalls diese Meinung vertreten und festgestellt, dass Make-or-Buy-Entscheidungen an sich, aber gerade angewendet auf die vorliegende Problemstellung in der Automobilindustrie, eine zentrale Bedeutung für die betreffenden Unternehmungen haben, da diese zu treffenden Entscheidungen die Kostenstruktur und den dadurch beeinflussten Gewinn sowie die strategische Ausrichtung und Positionierung maßgeblich und nachhaltig beeinflussen.

---

[17] Vgl. Mikus 2001, S. 17-18.
[18] Vgl. Männel 1996, S. 10.
[19] Vgl. Mikus 2001, S. 19.

3 Relevante Ansätze in der Literatur

Das Thema Make-or-Buy wurde in der Literatur schon anhand von zahlreichen Beiträgen behandelt und es wurden verschiedene Ansätze zur Vorgehensweise bei der Bewertung einer Make-or-Buy Situation entwickelt. Es soll nun im folgenden Abschnitt auf die in der Literatur am häufigsten diskutierten und relevantesten Ansätze kurz eingegangen werden. Eine detaillierte Darstellung der hier relevanten Entscheidungskomponenten erfolgt in den darauf folgenden Kapiteln.

3.1 Produktionskostenorientierte Ansätze

3.1.1. Traditioneller, statischer Kostenvergleich

Traditionelle Kostenvergleiche stellen laut *Teichmann*, basierend auf empirischen Untersuchungen, das in der Praxis dominierende Instrumentarium zur Unterstützung der Entscheidungsfindung von Eigen- oder Fremdlogistik dar[20]. Es liegt daher die Vermutung nahe, dass dieses Instrumentarium auch in anderen Wirtschaftszweigen sehr verbreitet sein wird. Auch in einem Beitrag in der Zeitschrift für wirtschaftlichen Fabrikbetrieb geben die Autoren *Zäh/Neise/Sudhoff* an, dass der Vergleich zwischen den Fremdbezugskosten und den Kosten der Eigenerstellung das häufigste Verfahren der Alternativen im Rahmen der Make-or-Buy-Entscheidungen darstellt.[21] Aufgrund der Schlüssigkeit und der Vielzahl an Nennungen, mit welcher dieser Ansatz in der Literatur in Hinblick auf Make-or-Buy-Entscheidungen genannt wird und auch aufgrund der Relevanz der Kosten und somit der Wettbewerbsfähigkeit schließt sich vorliegende Arbeit dieser Meinung an und hält fest, dass den Kosten der Alternativen besonderes Augenmerk zu widmen ist, da diese

---

[20] Vgl. Teichmann 1995, S. 139.
[21] Zäh/Neise/Sudhoff 2003, S.1.

maßgebliche Unternehmensziele wie Existenzsicherung (durch Wettbewerbsfähigkeit) sowie Gewinnmaximierung unterstützen.

Gängige Methoden zum Kostenvergleich in der Literatur sind z.B. traditionelle kostenrechnerische Verfahren, die in der Regel einen statischen, kurzfristigen Kostenvergleich zwischen den Fremdbezugskosten und den Eigenerstellungskosten durchführen. Im Allgemeinen werden dabei folgende Verfahrensschritte durchlaufen:

1. Strukturierung des Untersuchungsfeldes,
2. Ermittlung der Vergleichskosten,
3. Angebotseinholung,
4. Gegenüberstellung und
5. abschließender Kostenvergleich.[22]

Eine Voraussetzung für den Vergleich ist jedenfalls die qualitative Gleichartigkeit der Leistungen. Etwaige Unterschiede müssen bereinigt werden, indem die Leistungen harmonisiert und untereinander vergleichbar gemacht werden. Es müssen dafür entweder Leistungen einer Alternative gestrichen oder in der anderen zusätzlich aufgenommen werden, um die Gleichartigkeit der Leistungen gewährleisten zu können.

Grundsätzlich gelten für die Gegenüberstellung und den folgenden Kostenvergleich nach *Teichmann* für verschiedene Situationen folgende Regeln:[23]

---

[22] Teichmann 1995, S. 140.
[23] vgl. Teichmann 1995, S. 140f.

- bei kurzfristigen Entscheidungssituationen und Unterauslastung ohne Engpass

Es dürfen nur die zusätzlich anfallenden beschäftigungsvariablen Kosten in einen Kostenvergleich miteinbezogen werden. Zu den beschäftigungsvariablen Kosten gehören dazu vor allem Material und Betriebsmittelkosten. Es werden unter dieser Annahme nur Kosten mitberücksichtigt, welche auch tatsächlich zusätzlich anfallen, wenn Leistungen vom Unternehmen selbst erbracht werden. Fixkosten sind bei dieser Betrachtung nicht zu verrechnen.

- bei einem Entscheidungsproblem mit Engpässen

In der vorherrschenden Literatur wird betreffend des Falles eines Engpasses die Meinung vertreten[24], dass wenn zusätzlich zu den ermittelten Kosten der eigenen Leistungserbringung engpassspezifische Opportunitätskosten ermittelt und addiert werden das Optimum für diese Situation gefunden werden kann. Liegen mehrere Engpässe vor, so ist die Auswahl unter Zuhilfenahme der mathematischen Optimierung durchzuführen.

- bei längerfristigen Entscheidungssituationen

In diesem allgemeinen Fall setzen sich die relevanten Kosten aus den kurzfristig variablen und den kurzfristig fixen, allerdings langfristig variablen Kosten zusammen. D.h. es gibt Kosten, die kurzfristig fix und nicht veränderbar sind, die in einer gewissen Zeit in jedem Fall anfallen, welche aber auf lange Frist abbaubar sind. Bei langfristigen Entscheidungen werden auch die kurzfristigen Fixkosten als variable Kosten mit in den Vergleich einbezogen. Unter diese Kosten fallen

---

[24] Vgl. Teichmann 1995, S. 140 m.w.N.

beispielsweise die Kosten für bestehende Maschinen oder Personal, insofern es möglich ist, in diesen Bereichen zu desinvestieren oder Personal abzubauen. Wichtig ist die genaue Ermittlung der Kosten, die langfristig abgebaut werden können und jener Kosten die in jedem Fall nicht abbaubar sind bzw. fix bleiben. Langfristige Fixkosten werden als „sunk costs" bezeichnet und dürfen nicht als entscheidungsrelevante Kosten mit in den Vergleich einbezogen werden. Um dieses Problem zu lösen, ist eine differenzierte Analyse über die tatsächlich anfallenden und relevanten Kosten, zu erstellen die in den Kostenvergleich einbezogen werden. Gefordert wird daher von der Literatur eine genaue Analyse des Kostenblocks.[25]

Im Allgemeinen seien als Stärken der traditionellen Kostenrechnung ihr Bekanntheitsgrad und ihre Verständlichkeit genannt. *Teichmann* nennt als Vorteile des Weiteren die Eignung zur Begründung und Kontrolle kurzfristiger, periodenorientierter sowie isolierter Entscheidungen, wie beispielsweise die Eigen- oder Fremderstellung eines Produktes auf einer Fertigungsstufe.[26]

Nachteile der traditionellen, statischen Kostenrechnung sind unter anderem die Gefahr, nur zwischen den beiden Extremformen von Eigenerstellung und Fremdbezug zu entscheiden und Mischformen nicht zu berücksichtigen sowie isolierte Entscheidungen zu treffen, ohne die strategische Richtigkeit und Auswirkungen auf das Unternehmen zu berücksichtigen.[27]

3.1.2. Dynamischer Investitionsansatz

Der dynamische Investitionsansatz zeichnet sich vor allem durch den Miteinbezug der Zeit und der Sicht der Ausgaben als Gesamtinvestition aus.

---

[25] Picot 1991, S. 341.
[26] vgl. Teichmann 1995, S. 141.
[27] vgl. ebd.

Teichmann postuliert, dass eine Investition wesentlich durch ihre Zahlungsreihe, die sich aus Ein- und Auszahlungen zusammensetzt, gekennzeichnet ist.[28] Durch die Betrachtung der anfallenden Kosten über einen definierten Zeitraum wird das anfänglich statische System der Einzelkosten dynamisch, da die Ein- und Auszahlungen pro Periode berücksichtigt und verzinst werden können, d.h. die Zahlungsreihen können erfasst und verzinst werden. Voraussetzung für den dynamischen Investitionsansatz ist die Bekanntheit der anfallenden Ein- bzw. Auszahlungen über den betrachteten Zeitraum.

Ein wesentlicher Vorteil dieser Methode ist, dass bei dieser Methode des Kostenvergleiches die realen Geldzu- und Abflüsse betrachtet werden.[29] Falls diese Geldflüsse bekannt sind, ist es auch möglich, eine solide Finanzplanung darauf aufzubauen.

3.2 Transaktionskostentheoretischer Ansatz

Die Transaktionskostentheorie ist laut *Schätzer* als mikroökonomische Theorie der Organisation einzustufen und beschäftigt sich mit der effizienten Organisation wirtschaftlicher Leistungsbeziehungen.[30] Der Begriff Transaktionskosten bezieht sich auf diejenigen Kosten, die für Information und Kommunikation anfallen, welche durch die Organisation und Abwicklung einer arbeitsteiligen Leistungserstellung entstehen. Transaktionskosten entstehen sowohl bei innerbetrieblicher Fertigung als auch bei Unternehmensübergreifender Fertigung oder Fremdbezug.[31]

Die Transaktionskostentheorie besagt im Wesentlichen, dass nicht die Produktionskosten für die Wahl einer Bereitstellungsform maßgeblich sind, sondern die Kosten, die durch die notwendigen Transaktionen einer

---
[28] vgl. ebd, S.192.
[29] ebd.
[30] Vgl. Schätzer 1999, S. 63.
[31] Vgl. Mikus 2001, S. 71f.

Bereitstellungsform verursacht werden, die entscheidende Faktoren für die Entscheidung zwischen Eigenfertigung oder Fremdbezug sind.

Schätzer legt der Transaktionskostentheorie den Kerngedanken zu Grunde, dass „effiziente wirtschaftliche Strukturen und Prozesse genau dann gegeben sind, wenn die Abstimmungsprobleme zwischen den Beteiligten möglichst gering sind."[32]

Transaktionskosten können differenziert werden in:

- Anbahnungskosten (z.B. für die Informationsbeschaffung über potenzielle Lieferanten und deren Konditionen),
- Vereinbarungskosten (z.B. für Verhandlungen, die Vertragsformulierung oder die Abstimmung zwischen Entwicklung, Einkauf, Produktion und Vertrieb der beteiligten Unternehmen inklusive Lieferantenunterstützung und -betreuung),
- Abwicklungskosten (z.B. für die Prozesssteuerung, die Führung und die Koordination der internen oder externen Leistungserstellung oder für die Lieferantenunterstützung),
- Kontrollkosten (z.B. für die Sicherstellung von Termin-, Qualitäts-, Mengen- und eventuell Geheimhaltungsvereinbarungen), sowie
- Anpassungskosten (z.B. aufgrund nachträglicher Änderungen des Leistungsumfangs oder eines Lieferantenwechsels)[33,34].

In einigen Veröffentlichungen[35] werden in diesem Kontext auch noch Beendigungskosten angeführt, welche unter Umständen bei der Beendigung eines Vertrages oder für Sozialplankosten entstehen können.

---

[32] Vgl. Schätzer 1999, S. 64.
[33] Vgl. Picot 1991, S. 344.
[34] Vgl. Mikus 2001, S. 72.
[35] Vgl. dazu Teichmann 1995, S. 161 m.n.W.

Diese soeben aufgeführten Kosten fallen je nach gewählter Koordinationsform (Eigenerstellung oder Fremdbezug einer Leistung bzw. Mischformen) in unterschiedlicher Höhe an.

3.2.1 Darstellung der transaktionskostentheoretischen Situation

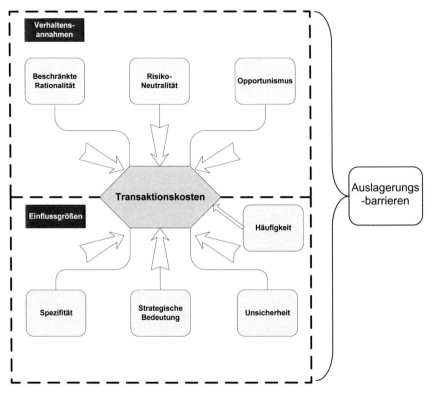

Darstellung 2: Transaktionskostentheoretische Situation
Quelle: Teichmann 1996, S. 165.

Wie aus obiger Darstellung ersichtlich wird gibt es Verhaltensannahmen, die Transaktionskosten bewirken und Einflussgrößen die sich auf die Höhe der Transaktionskosten auswirken. Diese Zusammenhänge sollen nachfolgend beschrieben werden.

Verhaltensannahmen

Opportunismus

Es wird bei der Transaktionskostentheorie unterstellt, dass Wirtschaftssubjekte opportunistisch handeln, d.h. sie handeln nicht ausschließlich in verständigungsorientierter Weise, sondern versuchen gegebenenfalls ihre eigenen Interessen zum Nachteil anderer zu verwirklichen.[36] Die Wahl einer bestimmten Vertragsform hängt teilweise auch von der Einschätzung des opportunistischen Verhaltens des Marktpartners ab.[37]

Beschränkte Rationalität

Transaktionskostentheoretiker vertreten die Ansicht, dass der Mensch zwar versucht, Effizienz orientiert zu handeln, aufgrund beschränkter Informationsaufnahme- bzw. Informationsverarbeitungskapazität aber nur beschränkt rational handeln kann.

Risikoneutralität

Williamson ist der Meinung, dass die Risikoneutralität hinsichtlich der Transaktionskosten nur eine nachrangige Bedeutung hat. Allerdings werden unter Umständen Effizienzpotentiale nicht ausnutzt, wenn man versucht, Risiko zu vermeiden.

Einflussgrößen

Das Ausmaß, in dem Transaktionskosten anfallen, wird maßgeblich beeinflusst von der Spezifität sowie der strategischen Bedeutung der Leistung und der Unsicherheit der Transaktionen. Die Transaktionskosten steigen jeweils mit zunehmender Ausprägung dieser Eigenschaften[38]. Der

---

[36] Vgl. Picot 1990, S. 179
[37] Vgl. Teichmann 1995, S. 162.
[38] Vgl. Picot 1991, S. 347.

Eigenschaft der Häufigkeit kommt lediglich eine untergeordnete Rolle zu. Ein weiteres bestimmendes Merkmal ist die Ausprägung der Auslagerungsbarrieren.

Im Folgenden sollen nun die bereits oben genannten Begriffe Spezifität, strategische Bedeutung, Unsicherheit und Häufigkeit sowie Auslagerungsbarrieren kurz erläutert werden.

Spezifität der Leistung
Die Spezifität äußert sich vor allem darin, dass z.B. bestimmte Anlagen, Werkzeuge, Fertigungsverfahren oder spezielle Personalqualifikationen ausschließlich auf wenige oder sogar nur eine Leistung beschränkt verwendet werden können. Spezifität kann auch aus hohen Errichtungs- bzw. Verlagerungskosten von Anlagen bzw. ganzer Produktionsstandorte resultieren. Mit steigender Spezifität nimmt die Abhängigkeit der Beteiligten untereinander zu und die Transaktionskosten steigen.[39] Dies bedeutet im Umkehrschluss, dass die Spezifität umso geringer wird, je einfacher eine Leistung an einen anderen Transaktionspartner übertragen werden kann, ohne an Wert zu verlieren[40].

Strategische Bedeutung der Leistung
Die strategische Leistung stellt die Ausprägung der Relevanz der Leistungen zur Realisierung von Wettbewerbsvorteilen und zur Sicherung der langfristigen strategischen Position des Unternehmens dar.

Unsicherheit
Unsicherheit resultiert nach *Mikus* aus transaktionskostentheoretischer Sicht einerseits aus dem möglichen opportunistischen Verhalten der beteiligten Parteien und andererseits aus den zukünftigen Umweltzuständen, die

---
[39] Vgl. Mikus 2001, S. 74.
[40] Vgl. Teichmann 1995, S. 164.

qualitative, kostenmäßige, terminliche oder technische Anpassungsnotwendigkeiten bzw. Folgen im Prozess der Leistungserstellung hervorrufen können. Je größer die Unsicherheit, umso wahrscheinlicher wird eine interne Bereitstellungsform der Leistung gewählt werden, um diese Risiken besser kontrollieren zu können.

Häufigkeit

Eine weitere Transaktionskosten beeinflussende Eigenschaft ist die Häufigkeit der Leistungserstellung. Ihr kommt jedoch lediglich eine Unterstützungsfunktion zu.[41] *Teichmann* bezeichnet die Häufigkeit lediglich als einen Tendenzverstärker. Sie kann sowohl mit steigender Häufigkeit die Tendenz zur Eigenfertigung als auch zum Fremdbezug, je nach Ausprägung der Vorteilhaftigkeiten der anderen Eigenschaften, verstärken.

Auslagerungsbarrieren

Als Barrieren, die Hindernisse für die Auslagerung darstellen. Als solche Auslagerungsbarrieren werden von der Literatur beispielsweise Know-how, Kapital, rechtliche und technische Rahmenbedingungen sowie situationsspezifische Gegebenheiten diskutiert. Es ist zu beachten, dass bei vorhanden sein von Auslagerungsbarrieren mit dementsprechend hohen Transaktionskosten zu rechnen ist.

---

[41] Vgl. Mikus 2001, S. 74.

3.2.1. Schlussfolgerungen

Als wesentliche Erkenntnis aus dem Transaktionskostenansatz resultiert die Relevanz der indirekten Kosten, die bei arbeitsteiliger Leistung für Information und Kommunikation entstehen, aber häufig vernachlässigt werden. Es ist wichtig, nicht nur die Produktionskosten bei einer Make-or-Buy-Entscheidung mit ins Kalkül zu ziehen, sondern sich auch Gedanken über die Kosten der Steuerung und Aufwendungen für die Durchführung der Bereitstellungsalternativen zu machen.

Ein Nachteil der Transaktionskostentheorie ist die nicht gegebene Quantifizierbarkeit der Kosten, da dieser Ansatz die Kosten leider nicht ausreichend genau beziffern kann.

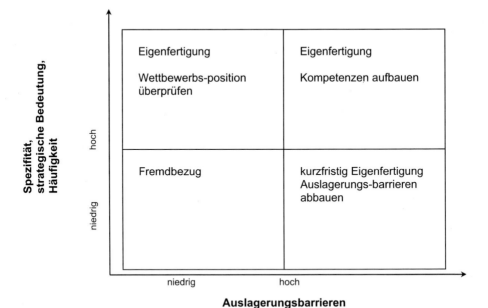

Darstellung 3: Strategieempfehlungen unter Berücksichtigung von Auslagerungsbarrieren
Quelle: Eigene Darstellung in Anlehnung an Mikus 2001, S. 74.

Dieser Ansatz kann jedoch eine tendenzielle Aussage zu der wahrscheinlich effizientesten Koordinationsform leisten und anhand der Aussagen können die zu erwartenden Transaktionskosten mit in das Entscheidungskalkül gezogen werden. Prinzipiell gilt, je höher die Ausprägung der Komponenten Spezifität und strategische Bedeutung der Leistung, umso sinnvoller wird eine Integration der Leistung in das eigene Unternehmen sein. Je standardisierter und unspezifischer die Leistung bzw. die strategische Bedeutung der Leistung, umso sinnvoller wird ein Fremdbezug sein. Ergänzt wird diese Aussage durch das Kriterium der Auslagerungsbarrieren, welche bei hoher Ausprägung für die Eigenfertigung sprechen und bei nicht bzw. kaum vorhandenen Auslagerungsbarrieren die Entscheidung nicht weiter beeinflussen. Der Zusammenhang sei in folgender Darstellung verdeutlicht:

3.3 Strategische Ansätze

3.3.1 Ansatz von Porter

Porter geht bei der Ableitung von Handlungsempfehlungen für die vertikale Integration von Unternehmen von dem Ziel der Sicherung der Wettbewerbsfähigkeit aus, das durch die Gestaltung der eigenen Wertkette und deren Koordination mit vor- und nachgelagerten Wertketten erreicht werden soll.[42] Er unterstreicht, dass nicht nur Kosten und Investitionen als Grundlagen in die Entscheidung miteinbezogen werden sollten, sondern auch strategische Aspekte sowie Führungsprobleme.[43]

Porter hat eine Vielzahl von Aspekten herausgearbeitet, welche für strategische Make-or-Buy-Entscheidungen von Bedeutung sein können, die er in ‚strategische Vorteile' und ‚strategische Nachteile' differenziert. Diese

---
[42] Vgl. Matje 1996, S. 36.
[43] Vgl Porter 1995, S. 376.

Aspekte können jedoch lediglich als Orientierungshilfe dienen, in dem möglichst viele der relevanten Auswirkungen der Entscheidung erfasst und in die Entscheidung miteinbezogen werden. Porter leitet auch für intermediäre Koordinationsformen der Bereitstellungsform Aussagen ab.

Es folgt nun eine schematische Darstellung um *Porters* Aussagen zusammenzufassen:

Strategische Vorteile einer Integration	Strategische Nachteile einer Integration
• Einsparungen durch Integration aus: 　o kombinierten (Produktions-) Aktivitäten 　o interner Kontrolle und Koordination 　o Information 　o Umgehung des Marktes 　o stabile Geschäftsbeziehungen • Anschluss an Technologien, • Sicherung von Versorgung und / oder Absatz, • Ausgleich von Verhandlungsstärke und von Verzerrungen der Inputpreise, • Verbesserte Fähigkeit zur Differenzierung, • Erhöhung von Eintritts- und Mobilitätsbarrieren für Konkurrenten, • Eintritt in ein rentableres Geschäft, • Schutz gegen Marktausschluss.	• Kosten der Überwindung von Mobilitätsbarrieren, • Erhöhung des ‚operating leverage' • Geringere Flexibilität beim Wechsel von Geschäftspartnern, • Höheres Allgemeines Niveau der Austrittsbarrieren, • Bedarf an Kapitalinvestitionen, • Versperrter Zugang zur Forschung oder zum Know-how von Kunden oder Lieferanten, • Probleme beim Kapazitätsausgleich, • Verminderung allgemeiner Anreize, • Aufbau unterschiedlicher Führungserfordernisse und Managementkapazitäten.

Darstellung 4: Strategische Vor- und Nachteile einer Integration in das Unternehmen

Dies sind einige der Aspekte, die bei der Bewertung einer Make-or-Buy-Situation mitberücksichtigt werden sollten. Porter weist allerdings selbst darauf hin, dass alle abgeleiteten Aussagen und Argumente lediglich als Tendenz oder Richtung aufgefasst werden können und es bei einem konkreten Entscheidungsproblem zusätzlich notwendig ist, gesonderte Analysen zur Thematik zu erstellen.[44]

---

[44] Vgl. Porter 1995, S. 376.

3.3.2 Ansatz von Harrigan

Harrigan unterscheidet – in seinem ebenfalls strategischen Ansatz – unter anderem auch intermediäre Koordinationsformen. Er nennt seine Alternativen vollständige Integration („full integration'), partielle Integration („taper integration'), Quasi-Integration („quasi integration') sowie vollständige Nicht-Integration bzw. Fremdbezug („nonintegration).[45]

Die wesentlichen Bestimmungsgrößen für die Wahl der Bezugsform sind in diesem Ansatz die Industriestabilität, die Verhandlungsmacht des Unternehmens, die verfolgte Wettbewerbsstrategie und die Phase der Branchenentwicklung. Bei isolierter Betrachtung der Bestimmungsgrößen können für die Auswahl der Integrationsform folgende Tendenzaussagen getroffen werden:

- Stabile Marktverhältnisse sprechen für einen hohen Grad der Integration der Leistung in das Unternehmen, instabile für einen geringen. Diese Aussage ist mit dem Risiko des Flexibilitätverlustes und den größer werdenden Marktaustrittsbarrieren verbunden, welche durch die Zunahme der Integration ins Unternehmen entstehen.

- Eine große Verhandlungsstärke des Unternehmens spricht für einen geringen Integrationsgrad, da die Beeinflussbarkeit des Unternehmens, groß ist bei dem die Leistung/Ware bezogen wird. Eine geringe Verhandlungsstärke hingegen spricht für einen hohen Integrationsgrad, um nicht von der Willkür des Zulieferers abhängig zu sein.

- Hinsichtlich der Wettbewerbsstrategie ist zwischen Marktführerschafts-, Nischen- und Technologieführerschaftsstrategie zu unterscheiden. Bei der Verfolgung einer Marktnischenstrategie wird ein relativ geringer Integrationsgrad empfohlen, um die Marktaustrittsbarrieren gering zu

---

[45] Vgl. Harrigan 1983, S. 15ff.

halten. Bei einer verfolgten Marktführerschafts- bzw. Technologieführerschaft hingegen wird ein hoher Grad der Integration empfohlen. Bei einer Technologieführerschaft wird dies mit der hohen notwendigen Produktqualität und der Sicherung des technologischen Vorsprungs begründet, bei der Marktführerschaftsstrategie wird diese Empfehlung durch erwartete Kostensenkungseffekte (u.a durch Erfahrungseffekte) gestützt.

- Die Phasen der Branchenentwicklung unterscheidet *Harrigan* in die Entwicklungs-, die Wachstums-, die Reife- und Niedergangsphase. Für Branchen in der Entwicklungs- oder Niedergangsphase wird, aufgrund der Unsicherheit, ein niedriger Integrationsgrad aus Gründen der Risikoteilung sowie der dadurch ermöglichten Kapitalteilung in der Entwicklungsphase empfohlen. Strategien mit hohem Integrationsgrad werden in Branchen in der Wachstums- oder Reifephase empfohlen, um die Erzielung von Kostenvorteilen zu vereinfachen und die Gefahr des Markteintritts neuer Konkurrenten zu verringern[46,47].

Zusammenfassend lässt sich sagen, dass, wie auch schon beim Ansatz von *Porter*, aus dem Ansatz von *Harrigan* lediglich Tendenzaussagen und Hinweise auf Erfolg versprechende Strategien abgeleitet werden können, die im Falle eines vorliegenden Problems zu bewerten und zu überprüfen sind. Schwachstellen des Ansatzes sind zum Teil widersprüchliche Aussagen zu anderen bestehenden Ansätzen. Für sich gesehen klingen die Aussagen der verschiedenen Ansätze in sich logisch, es bleibt jedoch abzuwägen, welche Aussage in einer spezifischen Situation eher zutrifft. Es sei als Beispiel an dieser Stelle nur kurz erwähnt, dass *Harrigan* instabile Marktverhältnisse als Indikator für einen geringen Integrationsgrad sieht, diese würden jedoch in

---

[46] Vgl. Harrigan 1983, S. 22ff.
[47] Vgl. Mikus 2001, S. 79f.

der Transaktionskostentheorie (besonders wenn sie mit hoher Spezifität gekoppelt ist) für eine Eigenfertigung sprechen.

Als Synthese aus diesen Ansätzen können wertvolle Gedanken bei der Abwägung der Für und Wider von Eigenfertigung oder Fremdbezug gewonnen werden. Des Weiteren werden durch diese Ansätze einige, die Entscheidung maßgeblich beeinflussenden Größen herausgearbeitet, um eine umfassende und möglichst richtige Entscheidung herbeiführen zu können. Als wesentliche Erkenntnis aus diesen Ansätzen wird die Relevanz der strategischen Komponenten der Entscheidung neben Kostenfaktoren gesehen. Es ist also wichtig auch strategische Komponenten zu berücksichtigen, um das Unternehmen nicht auszuhöhlen und ihm damit nachhaltig zu schaden, indem mögliche Differenzierungspunkte vom Wettbewerb fremdbezogen werden. Die Leistung wird dadurch imitierbar, man wird vom Markt verdrängbar und außerdem eventuell vom Lieferanten abhängig.

4 Qualifizierbare Entscheidungskomponenten

Dieses Kapitel beschäftigt sich mit dem für eine langfristige Make-or-Buy-Entscheidung ausschlaggebenden Element: der Strategie. Es werden im ersten Abschnitt zuerst die qualifizierbaren Elemente der Strategie behandelt. Auf die quantifizierbaren Entscheidungskomponenten (Kosten) einer Make-or-Buy-Entscheidung, wird aufgrund ihrer besonderen Bedeutung auf den Unternehmenserfolg im nächsten Kapitel gesondert eingegangen. Die in den folgenden Kapiteln beschriebenen qualitativ und quantitativ messbaren Kriterien dienen dem Verständnis und der Handhabung des Modells, welches im letzten Kapitel vorgestellt wird.

4.1 Strategie als Entscheidungsfaktor

Die Strategie als maßgeblicher Faktor zur Erfolgs- und Existenzsicherung des Unternehmens ist das entscheidende Element einer Make-or-Buy-Entscheidung, wenn auch die Kostenstruktur als strategisches Element betrachtet wird. Die erfolgs- bzw. existenzsichernde Eigenschaft der Strategie rührt daher, dass die Strategie nicht wie die operative Unternehmensführung die kurzfristigen operativen Daten betrachtet, sondern einen zumindest mittelfristigen (ca. 2-4 Jahre) bis langfristigen (ca. 4-8 Jahre) Betrachtungshorizont hat und in der Lage ist, Ursachen für Wirkungen viel früher zu erkennen als sich diese in den operativen Daten niederschlagen.[48] Die Strategie trägt daher zur langfristigen Sicherung des Unternehmens bei und lenkt somit die Gegenwart aus der Perspektive der Zukunft.[49] Dies ist der Grund, weshalb einzig und alleine die Strategie maßgeblich für die Make-or-Buy-Entscheidung und insbesondere für langfristige Entscheidung sein soll. Es wird weiters ersichtlich, dass sich die Strategie nicht nur in monetär

---

[48] Vgl. Gälweiler 2005, S. 25.
[49] Vgl. Simon 2004, S. 147.

quantifizierbaren Größen ausdrücken und messen lässt, sondern auch sehr wohl in nicht mittelbar quantifizierbaren Größen, die erst noch einer Bewertung bedürfen. Diese Faktoren müssen jedoch mit in die Entscheidung einfließen, um die Richtigkeit der Entscheidung gewährleisten zu können.

Die Strategie kann als zielorientiertes Vorgehen und langfristiger Plan aufgefasst werden. Alle Aktivitäten werden zielorientiert ausgerichtet. Es kann daraus abgeleitet werden, dass Strategie nachhaltig wirkt und als „Guideline" zur Ausrichtung aller Handlungen im Sinne der Unternehmung verstanden werden kann.

Porter unterscheidet drei grundsätzlich verschiedene (Norm-) Wettbewerbsstrategien, welche auch als generische Strategien bezeichnet werden:
- Kostenführerschaft,
- umfassende Differenzierung
- Fokussierung.

Bei der Kostenführerschaftsstrategie wird versucht, das günstigste Produkt am Markt zu haben, bei der Differenzierungsstrategie wird die größte Differenzierung, z.B. hinsichtlich Technologie, Produktqualität etc., verfolgt und bei der Fokussierung wird versucht, Nischen zu finden, in denen man in der Lage ist, Bedürfnisse besser oder günstiger als weniger spezialisierte Unternehmen zu befriedigen. Ziel der Wettbewerbsstrategie ist eine gefestigte Branchenposition, es geht also auch hierbei wieder um die längerfristige Planung und Existenzsicherung der Unternehmung. Entsprechend der strategischen Ausrichtung innerhalb dieses Portfolios sollten die Entscheidungen sich als grobe Leitlinie an den Ansprüchen der jeweiligen Normstrategie orientieren. D.h., ein Technologieführer sollte sich bei der Wahl der Bereitstellungsform an der größtmöglichen Differenzierung und ein Kostenführer im Allgemeinen am günstigsten Preis orientieren, um im Sinne des Unternehmens und im weiteren Sinne strategisch richtig zu entscheiden und damit die langfristige Position des Unternehmens im Markt zu festigen.

Es soll nun nachfolgend auf die entscheidenden qualifizierbaren, strategischen Elemente einer Make-or-Buy Entscheidung eingegangen werden.

4.2 Qualifizierbare Entscheidungskriterien

Da das Ziel der Erfolgsmaximierung einen sehr schwierig zu bewertenden Sachverhalt darstellt und ein sich aus vielen Faktoren zusammensetzendes oberstes Ziel der Unternehmung ist, ist es ratsam dieses Ziel im Zuge einer Make-or-Buy-Entscheidung in relevante Teil- bzw. Unterziele aufzuteilen.[50] Die nachfolgenden strategischen, nicht monetär quantifizierbaren Kriterien wurden sowohl in der Literatur gefunden als auch im Hinblick auf die Problemstellung mit den Verantwortlichen hinsichtlich der Zielerreichung eigenständig erarbeitet und abgestimmt.

4.2.1. Auswirkungen auf die nächste Fertigungsstufe

Bei diesem Kriterium wird die Vorteil- bzw. Nachteilhaftigkeit der Alternative auf die nächste(n) Fertigungsstufe(n) bewertet. Dies bedeutet, dass eine Optimierung der Einzelentscheidung unter anderem immer noch ein Suboptimum für die Gesamtentscheidung darstellen kann. Die Vor- bzw. Nachteilhaftigkeit der Einzelentscheidung für das Einzelteil muss daraufhin überprüft werden, welche Auswirkungen sie auf die nächste Fertigungsstufe hat. Es ist von Vorteil, wenn die Einzelteile einer Schweißgruppe in der Verantwortung des Herstellers liegen, welcher auch die Schweißgruppe fertigt. Diese Aussage bezieht sich auf die Abstimmungsnotwendigkeit innerhalb

---

[50] Vgl. Männel 1996, S. 64.

einer Schweißgruppe, welche besser koordiniert werden kann, wenn der betreffende Lieferant die Verantwortung für alle Teile seines Erzeugnisses hat, als wenn die verschiedenen Einzelteile von verschiedenen Quellen stammen. Es sei hierbei als Schlagwort „Qualität aus einer Hand" genannt.

4.2.2. Beschäftigung

Hiermit ist die Auswirkung der Entscheidung auf die Beschäftigung im eigenen Unternehmen zu verstehen. Dieses Kriterium ist notwendig um z.b. die soziale Verträglichkeit der Entscheidung mitberücksichtigen zu können.

4.2.3. Bestandssicherung von Zulieferern

Das Kriterium der Bestandssicherung eines Zulieferers bzw. von Zulieferern kann die Entscheidung beeinflussen, wenn es darum geht, einen wichtigen Zulieferer mit Aufträgen zu unterstützen, um dessen Fortbestehen auf dem Markt zu gewährleisten und den wichtigen Zulieferer somit auch in Zukunft noch nutzen zu können.

4.2.4. Einzelteil - Qualität

Die Qualität ist ein allzeit relevantes Teilziel einer Unternehmung. Insbesondere im Hause AUDI als Anbieter im Premiumbereich wird der Faktor Qualität groß geschrieben. Wie aus Befragungen bekannt wurde, wird diese Qualität im Speziellen auch im Karosseriebereich, hinsichtlich der Anmutungsqualität und Genauigkeit vom Kunden honoriert.

Um eine gewisse Qualität einer Leistung liefern zu können, ist selbstverständlich ein gewisses Maß an Know-how erforderlich. Unter Know-how wird die Befähigung des Lieferanten zur Fertigung eines spezifischen Teiles verstanden. Dies kann sowohl mit Erfahrungen in ähnlichen Bereichen sowie mit besonderen Kompetenzen innerhalb der eingesetzten Technologien zusammenhängen. Das Know-how ist weiters ausschlaggebend für mögliche Prozessinnovationen oder neue Verfahren, die vom Anbieter der betreffenden Bereitstellungsform eventuell realisiert werden können.

Prinzipiell sprechen für die Eigenfertigung,

- die bessere Koordinationsmöglichkeit der Fertigung und
- die stärkere Kontrollmöglichkeit der Produktionsprozesse (Reaktionsfähigkeit bei Störungen) sowie
- die Möglichkeit zur ständigen Prozessverbesserung durch die organisatorische Verbindung von Konstruktion und Entwicklung mit der Produktion im Unternehmen.[51]

Für den Fremdbezug sprechen aus qualitativen Gesichtspunkten,

- spezialisierte Zulieferer, welche aufgrund intensiverer Forschung und Entwicklung über Know-how verfügen, das im Hause nicht verfügbar ist bzw.
- Maschinen zur Produktion, die im Hause nicht verfügbar sind.[52]

4.2.5. Flexibilität - Änderungen

Unter dem Begriff Flexibilität soll hier die Flexibilität hinsichtlich der möglichen Eingriffe für Änderungen bzw. die Produktion verschiedener Varianten verstanden werden. Des Weiteren spielt bei diesem Kriterium die Änderungsgeschwindigkeit im laufenden Serienprozess und die Zugriffs- und Freistellungsmöglichkeit auf Werkzeuge von abstimmungskritischen Teilen

---

[51] Vgl. Melchert 1992, S. 44.
[52] Vgl. Melchert 1992, S. 44.

eine wesentliche Rolle. Unter abstimmungskritischen Teilen werden Teile verstanden, welche entweder kritisch in ihrer Herstellung sind und/oder kritische Funktionsmaß bestimmende Teile darstellen. Diese Flexibilität ist nötig,

- wenn bei Fertigungsprozessen Abweichungen und Fehler sofort erfasst und korrigiert werden müssen,
- bei aufeinander folgenden Fertigungsbereichen oder –schritten eine unmittelbare Abstimmung erforderlich ist oder
- Teile und Baugruppen betroffen sind, die einen maßgeblichen Einfluss auf die Qualität des Endproduktes ausüben.[53]

4.2.6. Flexibilität - Stückzahl

Die Flexibilität hinsichtlich der Stückzahl bezieht sich auf die Bandbreite, mit welcher die angeforderte Stückzahl innerhalb eines definierten Zeitraumes problemlos verändert werden kann.

4.2.7. Kapazität

Die Kapazität ist unter den strategischen Entscheidungskomponenten insofern zu berücksichtigen, ob die vorhandene Kapazität überhaupt vorhanden ist, um die geplanten Leistungen erstellen zu können. Sollte die Kapazität nicht vorhanden sein, müssen zusätzlich entweder Maschinen bzw. Vorrichtungen und/oder Personal beschafft/eingestellt werden. Dieses Vorhaben ist dann einer Investitionsrechnung zu unterziehen und zu bewerten, ob es wirtschaftlich ist.

---

[53] Vgl. ebd.

4.2.8. Kernkompetenzen

Wie bereits erläutert, muss die Strategie der maßgebliche Faktor bei der Wahl zwischen Eigenfertigung oder Fremdbezug sein. Kernkompetenzen werden aus der Strategie abgeleitet und sind das effektivste Mittel um eine erste Grobfilterung der Alternativen erreichen zu können. Hierfür müssen die Kernkompetenzen allerdings jedenfalls aus den Unternehmenszielen abgeleitet werden, damit die Parameter und das Ergebnis der Vorfilterung stimmen. *Boutellier* formuliert in seinem Ansatz zur Durchführung von Make-or-Buy-Entscheidungen, dass alles, was direkt mit Kernkompetenzen zusammenhängt dem „Make" unterliegt. Andererseits muss das Unternehmen in all jenen Bereichen alles zukaufen, in denen es keine Kompetenz besitzt.[54,55] Die schwierige Frage nach dem Make-or-Buy stellt sich nur in jenen Bereichen, die zwischen den Extremen „Kernkompetenz" und „keine Kompetenz" angesiedelt sind.[56] Dieser Zusammenhang kann in folgender theoretischer Darstellung des Sachverhaltes verdeutlicht werden:

Alles was unter den Bereich Kernkompetenzen fällt oder direkt damit zusammenhängt, befindet sich im grünen Bereich und bei „Grün" muss selbst gefertigt werden, um die strategische Position des Unternehmens nicht zu gefährden. Wenn die Ampel auf Gelb steht, so muss eine genaue Analyse der Situation durchgeführt werden. Unter Umständen kann es sinnvoller sein selbst zu fertigen, es kann aber genauso, je nach Situation, sinnvoller sein fremd zu beziehen. Wenn die Ampel auf Rot oder „keine Kompetenz" steht muss jedenfalls fremdbezogen werden.

Darstellung 5: Bestimmung der Objekte für eine Make-or-Buy-Entscheidung

---

[54] Vgl. Boutellier 2003, S. 458.
[55] Vgl. dazu auch Mikus 2001, S. 67.
[56] Vgl. Boutellier 2003, S. 458f.

Wenn keine Kompetenz vorhanden ist, aber sich die Unternehmung in diesem Geschäftsfeld trotzdem engagieren will, muss anhand von strategischen Gesichtspunkten und einer Investitionsrechnung geprüft werden, ob diese Investition wirtschaftlich ist und ob es sich lohnt sich in diesen Bereich zu diversifizieren. Es muss dann solange fremdbezogen werden bis das Know-how im Hause verfügbar ist und die Ampel damit auf „Gelb" oder „Grün" geschaltet werden kann. Erst ab diesem Zeitpunkt kann „inhouse" gefertigt werden. Solange noch keine Kompetenz besteht ist jedenfalls fremd zu beziehen.

Um aber den Zustand der Ampel eruieren zu können ist es vorerst nötig zu wissen in welchen Bereichen die Kernkompetenzen, die ergänzenden Kompetenzen und jene Bereiche in denen keine Kompetenzen vorhanden sind, liegen. HINTERHUBER definiert Kernkompetenzen als „integrierte und durch organisationale Lernprozesse koordinierte Gesamtheiten von Technologien, Know-how, Prozessen und Einstellungen, die für den Kunden erkennbar wertvoll sind, gegenüber der Konkurrenz einmalig sind. Sie sollen schwer imitierbar sein und den Zugang zu einer Vielzahl von Märkten eröffnen."[57]

Kernkompetenzen resultieren vielfach aus ganzen Bündeln von Fähigkeiten und weniger aus einzelnen Technologien oder einzelnen Fähigkeiten[58]. Meistens sind es diese gebündelten Fähigkeiten, die den Wettbewerbsvorteil ausmachen.

„Kernkompetenzen setzen sich aus Wissen, Fähigkeiten und Erfahrungen zusammen. Sie sichern Wettbewerbsvorteile und beinhalten, dass Erfolge nicht zuerst auf großartigen Produkten, sondern auf einer einzigartigen

---

[57] Hinterhuber 1996, S. 11.
[58] Vgl. Boutellier 2003, S. 459.

Kombination von tief im Unternehmen verwurzelten Kompetenzen beruhen, welche die Entwicklung solcher Produkte erst ermöglichen."[59]

Diese Definition impliziert, dass ein Endprodukt niemals eine Kernkompetenz ist, eine Kernkompetenz ist vielmehr eine grundlegende Befähigung, Produkte mit einem hohen Kundennutzen zu erzeugen.

Zusammengefasst kann gesagt werden, dass sich Kernkompetenzen auszeichnen durch:

- einen signifikanten Beitrag zum Kundennutzen (Ertrag)
- einen wesentlichen Anteil an der Wertschöpfungskette (Kosten)
- Schaffung eines Zugangs zu verschiedenen Märkten (Markt)
- schwere Imitierbarkeit (Konkurrenz), dadurch dass,
    - sie vom Unternehmen durch einen kollektiven Lernprozess erarbeitet wurden (Innovation)[60] und
    - sie besser werden je öfter sie das Unternehmen einsetzt.[61]

Zur schlüssigen Ermittlung der eigenen Kernkompetenzen gehören nach BOUTELLIER mindestens:
- detaillierte Kostenvergleiche,
- Kundensegmentierung und Kundenrentabilität sowie
- Konkurrenzanalysen[62]

Angewendet auf die AUDI AG wurden für den Karosseriebau als Kernkompetenzen sowohl Außenhautteile als auch kritische, Funktionsmaß bestimmende Teile und Aluminiumteile von den Verantwortlichen aus den

---

[59] Vgl. (4managers 2005)
[60] Boutellier 2003, S. 459.
[61] Vgl. (4managers 2005)
[62] Vgl. Boutellier 2003, S. 460.

Unternehmenszielen abgeleitet. Es muss aber noch kritisch bemerkt werden, dass Kernkompetenzen im Regelfall nur von der Unternehmensleitung festgelegt werden dürfen, um die strategische Konsequenz mit den Unternehmenszielen gewährleisten zu können und den Mitarbeitern Entscheidungen abzunehmen, welche sie im Grunde aus Informationsmangel nicht treffen können. Da diese festgelegten Kernkompetenzen inoffiziell von der Leitung ausgesprochen wurden, scheint diese vorläufige Untermauerung ausreichend.

Das Konzept der Kernkompetenzen eignet sich hervorragend zur Voranalyse einer Make-or-Buy-Entscheidung, da Bereiche, in denen Kernkompetenzen vorliegen oder Bereiche, in welchen keine Kompetenzen vorhanden sind vorgängig von der weiteren Analyse ausgeschlossen werden, weil die Entscheidung in diesen Fällen bereits klar ist. Der weiteren Analyse brauchen nur Alternativen, die sich zwischen diesen Bereichen befinden, unterzogen werden. Es kann also schon viel Aufwand, welcher für die Bewertung der Alternativen anfallen würde, eingespart werden. Mit dieser vorgenommenen Einteilung und Erklärung des Entscheidungsspielraumes kann auch der Aussage von *Mikus*, dass das Unternehmen laut diesem Ansatz nur noch fertigen dürfte, was in ihren Kernkompetenzbereich fällt, widersprochen werden, da das Unternehmen jedenfalls nur in Bereichen nicht selbst fertigen sollte, in denen es absolut keine Kompetenz besitzt.[63]

4.2.9. Know-how Transfer

Das Kriterium des Know-how Transfers kann sowohl positiv als auch negativ für das Unternehmen besetzt sein. Wenn ein Lieferant in seinem Know-how erst aufgebaut werden muss, ist ein Know-how Transfer vom leistungsbeziehenden Unternehmen zum Zulieferer notwendig, womit Leistungen

---
[63] Vgl. dazu Mikus 2001, S. 68-70.

imitierbar werden können. Dies kann in einer langfristigen Kooperation durchaus positiv bis neutral bewertet werden. Wenn aber durch den Know-how Transfer dieses Know-how auch Wettbewerbern zugänglich wird, ist dies negativ zu bewerten, da nun die Konkurrenz Zugang zu bisher unbekannten Technologien und Möglichkeiten hat. Bei Know-how sensiblen Vorgängen wird deshalb versucht werden, das Know-how vor den Konkurrenten zu schützen. Des Weiteren muss gewährleistet sein, dass der Lieferant durch den Zugewinn des Know-hows nicht zu einem Konkurrenten wird. Einen positiven Effekt für das eigene Unternehmen hat der Know-how Transfer dann, wenn eine Leistung fremdbezogen wird und derart Einblick in eventuell neue oder optimierte Fertigungsverfahren des Lieferanten, die im eigenen Unternehmen in dieser Art bisher nicht bekannt waren, gewonnen werden können. Aus diesen Gründen ist eine Abwägung der Sicherung des Know-hows und dessen Transfer an einen Lieferanten unumgänglich.[64]

4.2.10. Liquidität

Die Liquidität des Unternehmens und das zur Disposition stehende Kapital sind von eminenter Wichtigkeit für die Entscheidungsplanung. Da dem Unternehmen nicht unbegrenzt Kapital zur Verfügung steht, es für dieses Fremdkapital Zinsen zu zahlen hat und um seinen Verpflichtungen nachkommen zu können, ist es wichtig, eine Liquiditätsplanung durchzuführen und die verfügbare Kapitalgrenze nicht zu überschreiten.

4.2.11. Prozessinnovation bzw. –verbesserung

Die mögliche antizipierte Möglichkeit zur Verbesserung oder Innovation des Prozesses sollte im Vorhinein abgeschätzt werden. Ein rein statischer Vergleich der Ist-Situation und der Kosten ist nicht ausreichend, um die wahrscheinlich in Zukunft herrschende Situation zu bewerten. Dieses

---

[64] Vgl. Männel 1996, S. 40.

Kriterium stellt eine Möglichkeit dar, auch zukünftige erwartete Zustände in die gegenwärtige Bewertung mit einfließen zu lassen.

4.2.12. Personalverhalten

Hierunter kann die Auswirkung der Entscheidung auf das Verhalten des Personals verstanden werden. Es ist sowohl möglich, Mitarbeiter durch den Fremdbezug spezifischer Teile zu demotivieren, als auch durch die Eigenfertigung anspruchsvoller Teile zu motivieren. Ein Steigen der Aufträge für die interne Fertigung wird eher motivierende Wirkung, und eine zunehmende Fremdvergabe hingegen wird eher eine negative Wirkung auf die Motivation haben. Schlussendlich ist die Produktivität ausschlaggebend, es könnte daher auch argumentiert werden, zunehmender Fremdbezug erhöhe den Druck auf die eigene Fertigung und damit die Produktivität aus existenziellen Gründen (Angst um den Job). Die vorliegende Arbeit geht jedoch davon aus, dass sich die Fremdvergabe, gerade von wichtigen Teilen negativ auf die Motivation der Fertigungsmitarbeiter auswirkt.

4.2.13. Risiken

Melchert führt in seinem qualitativen Bewertungskatalog eine Vielzahl von Risikoquellen für das Unternehmen an, diese seien im Folgenden ohne weitere Erklärung genannt, die bereits genannten Kriterien werden hier nicht nochmals erwähnt:

- Investitionsrisiko
- Technologierisiko
- Beschäftigungsrisiko
- Währungsrisiko
- Lohnentwicklung

- Politische Rahmenbedingungen
- Transportrisiko (Verkehrssituation)
- Eignung für Notfallstrategien
- Qualitätsrisiko
- Absicherung gegen Regressansprüche
- Umweltauflagen
- Produkthaftung

4.2.14. Unabhängigkeit

Unter Unabhängigkeit wird die freie Gestaltungsmöglichkeit des Unternehmens ohne Abhängigkeiten, Vorgaben oder Auflagen/Forderungen der Außenwelt wie z.B. von Lieferanten verstanden. Je spezifischer die Leistung und je geringer die Anzahl der Lieferanten ist, die die geforderte Leistung erbringen können, desto höher wird die Abhängigkeit von diesen Lieferanten.

4.2.15. Versorgungssicherheit

Die Versorgungssicherheit wird im Folgenden verstanden als eine Kombination zwischen Lieferfähigkeit und Liefertreue. Ein potentieller Lieferant muss sowohl in der Lage sein, im laufenden Serienprozess zu jeder Zeit lieferfähig zu sein, als auch mengen- und termingerecht anzuliefern. Es kann somit gesagt werden, dass die Versorgungssicherheit in Zeit-, Mengen- und qualitative Aspekte unterteilt werden kann, welche abgesichert sein müssen.[65]

---

[65] Vgl. Männel 1996, S. 49.

Lieferfähigkeit

Die Lieferfähigkeit kann stark beeinflusst werden durch einen drohenden möglichen Konkurs bzw. wirtschaftliche Schwachbrüstigkeit der betreffenden Lieferanten bzw. deren Maschinenbelegung. Die erwartete Auslastungssituation des Lieferanten ist vorgängig abzuschätzen oder zu eruieren, um sich ein Bild über die erwartete Lieferfähigkeit des Lieferanten machen zu können.

Liefertreue

Die Liefertreue wurde im gemeinsamen Kriterienfestlegungsprozess, angelehnt an die Definition der Logistik, definiert als die Treue mit der der Lieferant die geforderten Produkte bzw. Leistungen zum angegebenen Zeitpunkt erfüllen wird. Unter diese Termine fallen unter anderem auch jene Termine, wie „erste Laser beschnittene Teile", „erste werkzeugfallende Teile", etc. die für das Projekt notwendig sind um die Projektterminpläne halten zu können.

4.2.16. Schlussfolgerungen

Wie aus der vorangegangenen Sammlung von Kriterien ersichtlich wird, gibt es eine große Anzahl an möglichen, zum Bewertungszeitpunkt nicht quantifizierbarer Einflussfaktoren auf die Make-or-Buy-Entscheidung. Diese Sammlung von Kriterien ist für die Fertigungsplanung und die Situation in der AUDI AG, welche aus verschiedenen Spezifika die aus der Unternehmensorganisation resultieren, angepasst. Diese Kriteriensammlung ist in dieser Form, nicht "das letzte Wort" in einer qualitativen Bewertung. Diese Sammlung kann und soll natürlich zu jeder Zeit durch neue Aspekte und Überlegungen ergänzt und erweitert werden. Es ist dies jedoch ein erster Anhaltspunkt, der den Bereich der nicht monetär quantifizierbaren Kriterien größtenteils erschließen sollte. Es bleibt zu erwähnen, dass die relevanten Kriterien jeweils der Situation angepasst werden müssen. In spezifischen Fällen werden sowohl Kriterien hinzugefügt, als auch weggelassen werden müssen wenn sie keine für die Thematik treffende Relevanz besitzen oder die Situation nicht hinreichend genau beschreiben. Es ist dies jedoch kein Schwachpunkt der Arbeit, sondern vielmehr die Aufforderung, die Kriterien aktuell und lebendig zu erhalten um den Besonderheiten der verschiedenen Situationen gerecht zu werden.

5 Quantifizierbare Entscheidungskomponenten

Um in das Thema der quantifizierbaren Entscheidungskomponenten und somit auf die Kosten und die wirtschaftliche Bewertung der zu erstellenden Leistungen/Produkte einzusteigen, werden am Anfang einige Kostenbegriffe definiert und die grundlegenden Kostenrechnungssystematiken kurz diskutiert. Darauf folgend wird auf die Unterschiede der entscheidungsrelevanten Kosten in Abhängigkeit von der Entscheidungssituation und auf die Notwendigkeit des Miteinbezugs der Zeit in die Kalkulation eingegangen werden. Abschließend wird eine Sensitivitätsanalyse mit relevanten Einflussgrößen aufgezeigt.

5.1 Grundlegende Begriffe

5.1.1. Vollkosten

Vollkosten sind jene Kosten, die im Rahmen der Angebotskalkulation alle Kosten abdecken und einen Gewinn versprechen. Sie sind - auf den Kostenträger bezogen – die statistischen vollen Durchschnittskosten, bei welchen keine Rücksicht auf die unterschiedlichen Auswirkungen der diversen Kostenarten genommen wird.[66]

5.1.2. Teilkosten

Teilkosten sind all jene Kosten der errechneten Stückkosten, die nicht die vollen Stückkosten umfassen.

---

[66] Vgl. Macha 1998, S. 27 und Seicht 2001, S. 44.

5.1.3. Grenzkosten

Grenzkosten sind streng (mathematisch) betrachtet jene Kosten, die sich bei der Erhöhung der Leistung um eine Einheit ergeben. Wenn eine lineare Kostenzunahme vorliegt dann sind die Grenzkosten gleich den variablen Durchschnittskosten.[67] Die Grenzkosten entsprechen somit der Höhe der variablen Kosten. Anders ausgedrückt sind die Grenzkosten der Punkt ab dem Fixkosten gedeckt werden können. Jeder Verkaufspreis unter diesem Punkt deckt nicht einmal die variablen Kosten, jede Summe darüber hilft Betriebsfixkosten zu decken.

5.1.4. Fixkosten

Fixkosten sind all jene Bestandteile der Gesamtkosten, die beschäftigungs- bzw. leistungsunabhängig sind. Sie sind Potentialfaktoren, welche erst langsam im Leistungserstellungsprozess aufgehen (z.B. Betriebsmittel, Arbeitskräfte).

5.1.5. Variable Kosten

Variable Kosten sind beschäftigungs- bzw. leistungsabhängige Kosten. Sie sind den Repetierfaktoren zuzuordnen und gehen schon bei einmaliger Verwendung (z.B. Werkstoffe) im Leistungserstellungsprozess unter.[68] Sie können sich proportional zur Beschäftigung verhalten, sie können mit zunehmender Beschäftigung sowohl überproportional steigen („progressive Kosten") als auch unterproportional zunehmen („degressive Kosten").

---

[67] Vgl. Seicht 2001, S. 43.
[68] Vgl. Seicht 2001, S. 35.

5.1.6. Einzelkosten

Unter Einzelkosten werden gewöhnlich jene Kosten verstanden, die den Kostenträgern (z.B. einem Automodell wie B8) direkt zugerechnet werden können und unter Berücksichtigung der Wirtschaftlichkeit der Kostenerfassung auch als solche aufgezeichnet werden (Kostenträgereinzelkosten)

5.1.7. Herstellkosten

Unter Herstellkosten sind all jene Kosten zu verstehen, die zur Herstellung der Leistung anfallen.

5.1.8. Selbstkosten

Die Selbstkosten bauen auf den Herstellkosten auf. Es werden jedoch noch Verwaltung und Vertrieb zu den Herstellkosten addiert.

5.2 Systeme der Kostenrechnung

Um in die Thematik des „richtigen" Kostenrechnungssystems für eine Make-or-Buy-Entscheidung einzusteigen und die Vor- und Nachteile der Kostenrechnungssysteme aufzuzeigen, sei nachfolgend eine kurze Erklärung der gängigen Kostenrechnungssysteme gegeben.

Zur Veranschaulichung der verschiedenen Kostenrechnungssysteme sei vorerst folgendes Schaubild gegeben:

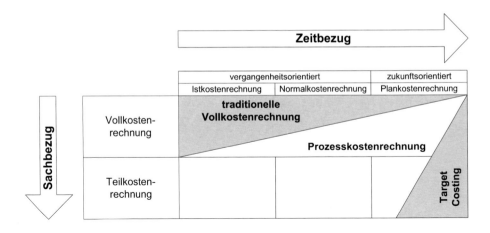

Darstellung 6: Neue Systeme der Kostenrechnung
Quelle: in starker Anlehnung an Macha 1998, S. 30.

Wie aus der obigen Abbildung ersichtlich wird, können die Kostenrechnungssysteme hinsichtlich ihres zeitlichen und ihres sachlichen Bezuges unterschieden werden. Aus dieser Grafik wird weiters ersichtlich, dass die Ist-Kostenrechnung und die Normalkostenrechnung vergangenheitsorientiert sind. Um jedoch eine Make-or-Buy-Entscheidung für die Zukunft treffen zu können, muss eine Plankostenrechnung durchgeführt werden, da sich die Plankostenrechnung am zukünftigen wirtschaftlichen Geschehen orientiert. In die Planung der Kosten gehen hierbei volkswirtschaftliche Daten, Branchendaten und das Zielsystem des Unternehmens mit ein. Der Vertrieb prognostiziert den Absatz und die Planung ermittelt basierend darauf nach dem Grundsatz der optimalen Kombination der Einsatzfaktoren die Einsatzmengen an Roh-, Hilfs- und Betriebsstoffen, den Personaleinsatz, die Maschinenkapazität usw. Auf diese Weise entstehen Plankosten pro Kostenart, Kostenstelle und Kostenträger.[69]

Der sachliche Bezug und Einsatzzweck der Kostenrechnungssysteme mit ihren Teilsystemen soll nun in den folgenden Punkten geklärt werden:

---

[69] Macha 1998, S. 28.

5.2.1. Vollkostenrechnung

Als Vollkostenrechnung werden alle Kostenrechnungssysteme bezeichnet, welche sämtliche in einer Abrechnungsperiode angefallenen Kosten auf die Kostenträger verteilen.

Ziel der Vollkostenrechnung ist es, effektiv angefallene bzw. planmäßig entstehende Kosten eines Kostenträgers festzustellen. Mithilfe dieser festgestellten Kosten soll die Wirtschaftlichkeit des Entstehungsprozesses kontrolliert und eine Erfolgsrechnung ermöglicht werden.

In der Vollkostenrechnung muss jeder Kostenträger neben den variablen Kosten auch Kosten der Betriebsbereitschaft tragen. Es erfolgt deshalb zuerst eine Aufteilung der Kosten in Einzel- und Gemeinkosten sowie in variable und fixe Kosten. Die Verrechnung der (fixen) Gemeinkosten erfolgt dann über Zuschlagssätze auf Basis der variablen Kosten oder über Kalkulationsfaktoren auf den Kostenträger.[70]

Kritisiert wird die Vollkostenrechnung hauptsächlich deswegen, weil sie versucht, alle Kosten auf die betrieblichen Leistungen zu verrechnen, sie versucht also auch, die nicht verursachungsgerecht zurechenbaren fixen Kosten zu verrechnen. Die Vollkostenrechnung wird des Weiteren aufgrund ihrer pauschalen prozentualen Zuschlagssätze kritisiert, die sie nach dem Durchschnittsprinzip verteilt. Bei diesem Prinzip interessieren nicht die kostenmäßigen Konsequenzen, die sich voraussichtlich bei Realisierung der diversen Entscheidungssituationen einstellen werden, sondern ausschließlich der statistische Durchschnittswert. *Seicht* ist der Ansicht, dass die Kostenrechnung durch die Anwendung des Durchschnittsprinzips, in welchem die unterschiedliche Reagibilität (fixe Kosten, variable Kosten) keine Berücksichtigung

---

[70] Vgl. Macha 1998, S. 27.

findet, zur „Kostenstatistik" absinkt. *Eisele* schreibt in seinem Buch „Technik des betrieblichen Rechnungswesens":

„Der Ansatz von Vollkosten verhindert darüber hinaus eine Anwendung der Betriebsbuchführung für die Lösung von Planungs- und Entscheidungsaufgaben nahezu vollständig. Da eine Verrechnung fixer Kosten die Analyse von Ursache und Wirkung nicht zulässt, kann aus der Existenz gewisser Kosten in der Vergangenheit nicht auf die Höhe der entstehenden Kosten in der Zukunft geschlossen werden."[71]

Dies unterstützt die Aussage, dass mit Hilfe der Vollkostenrechnung keine entscheidungsorientierten Kostenrechnungen durchgeführt werden können, da die Kostenaufschlüsselung zu ungenau ist und immer die vollen Kosten und nicht nur die entscheidungsrelevanten Kosten verrechnet werden. Dies verzerrt jedoch das Bild für die Entscheidung. Die Vollkostenrechnung kann in ihrem Ansatz zu Fehlentscheidungen führen. Als Beispiel sei die Eliminierung eines von anderen Produktarten unabhängigen Erzeugnisses aus dem Produktionsprozess genannt. Es kann bei dieser Eliminierung nicht mit der Einsparung der Vollkosten gerechnet werden, da gewisse Gemeinkosten, trotz der Einstellung der Fertigung, erhalten bleiben (Kostenremanenz). Die nunmehr immer noch anfallenden Fixkosten, welche vor der Elimination noch vom anderen Produkt mitgetragen wurden, verteilen sich nun nur noch auf die noch übrigen Erzeugnisse, deren Kosten steigen und der Gewinn der Unternehmung schrumpft.[72]

Die Vollkostenrechnung findet ihre sinnvollen Einsatzbereiche vor allem in der Finanzbuchhaltung bzw. Handelsbilanz, da sich die dort enthaltenen

---

[71] Eisele 2002, S. 741.
[72] Eisele 2002, S. 741.

Werte nicht am Verursachungsprinzip orientieren. Insgesamt kann die Vollkostenrechnung ihre unterstützende Funktion gegenüber anderen Zweigen des Rechnungswesens im Regelfall erfüllen, vermag aber zur Lösung von Kontrollaufgaben nur wenig und zur Lösung von Planungsaufgaben gar nichts beizutragen. Die Vollkostenrechnung wird somit den Ansprüchen nicht gerecht, einer Make-or-Buy-Entscheidung als Grundlage dienen zu können und es muss daher nach passenderen Verfahren gesucht werden.

5.2.2. Prozesskostenrechnung

Die Prozesskostenrechnung, ihrerseits eine Vollkostenrechnung, wird in der Literatur[73] oftmals als Schlüssel zur bestmöglichen, verursachungsgerechten Ermittlung der tatsächlich in den indirekten Bereichen entstehenden Kosten angesehen. Ziel der Prozesskostenrechnung ist, die Transparenz in den Gemeinkostenbereichen des Unternehmens zu erhöhen und eine präzisere (verursachungsgerechtere) Zuordnung der Gemeinkosten auf die zu erstellenden Leistungen und die Kostenträger zu ermöglichen. Die Prozesskostenrechnung geht davon aus, dass Aktivitäten Kosten verursachen. Die auszuführenden Aktivitäten werden bei der Prozesskostenrechnung als „Cost Driver" bezeichnet. Als Cost Driver werden daher kaum Wertgrößen, sondern in der Regel Mengengrößen wie die Anzahl an Ein- und Auslagerungen oder die Anzahl an Bestellungen verwendet.[74] Werden die gesamten, über die Zeit angefallenen Kosten eines Prozesses in Beziehung zu den Durchsatzmengen dieses Prozesses in dieser Zeit gesetzt, so lassen sich die durchschnittlichen Kosten einer einmaligen Durchführung dieses Prozesses ermitteln. Diese durchschnittlichen Kosten entsprechen dem Prozesskostensatz.

---

[73] Vgl. Macha 1998, S. 209.
[74] Vgl. Macha 1998, S. 29.

Nach *Horváth/Mayer* erfolgt die Kostenprozessrechnung in 5 Schritten:
1. Erhebung der Tätigkeiten der Kostenstellen zur Identifikation von Prozessen;
2. Wahl geeigneter Maßgrößen (Prozessgrößen, Aktivitäten, cost drivers);
3. Festlegung von Planprozessmengen;
4. Planung der Prozesskosten;
5. Ermittlung der Prozesskostensätze.[75]

Zuerst müssen Prozesse und ihre dazugehörigen Prozessmessgrößen identifiziert werden, da sie später die Grundlage der Prozesskalkulation bilden werden. Diese identifizierten Prozesse sollten sich mit jeder erneuten Durchführung identisch gestalten.

Der Prozesskostensatz kann nach folgendem Schema ermittelt werden:

$$\text{Prozesskostensatz} = \frac{\text{Prozesskosten}}{\text{Prozessmenge}}\ [76]$$

Beispiel:

In der Kostenstelle Einkauf wird ein Teilprozess Bestellungen von Büromaterial identifiziert und ein Aufwand von 10.000€ für Bestellungen von Büromaterial registriert, dieser ermittelte Aufwand wird im Folgenden durch die Anzahl der Cost Driver (in diesem Beispiel Anzahl der Büromaterial-Bestellungen, Annahme: 5000) dividiert und man erhält einen Prozesskostensatz.

$$\text{Prozesskostensatz} = \frac{10000€\ (\text{angefallene Kosten})}{5000\ (\text{Bestellungen})} = 2€\ \text{pro Bestellung}$$

---
[75] Horváth/Mayer 1989, S. 226f.
[76] Vgl. Macha 1998, S. 211.

Diese Prozesskosten können dann bei Bedarf auf Teil- bzw. Hauptprozesse zusammengefasst bzw. aufgerechnet werden. Es ist somit möglich, die Kosten einzelner Prozesse zusammengesetzt aus den Kosten ihrer einzelnen Aktivitäten zu ermitteln. Durch diese Art der Kostenrechnung kann nun teilweise die mangelnde Transparenz, die durch die Schlüsselung von Gemeinkosten entstehen würde, vermieden werden, indem die Kosten der Prozesse der indirekten Bereiche den Leistungsempfängern zugerechnet werden können.[77]

Es gibt aber auch Kosten, die nicht von der Prozessmenge abhängen und somit prozessmengenneutral sind. Diese Kosten müssen weiter über Umlagen auf den mengenindizierten Prozesskostensatz aufgeschlagen werden.

Würdigung

Die Prozesskostenrechnung eignet sich vor allem für den Einsatz in indirekten Bereichen, in welchen versucht wird, Transparenz in die Leistungserstellung zu bringen, welche durch die Vollkostenrechnung und ihre Zuschlagskalkulationen nicht gegeben ist. Die Prozesskostenrechnung, als Abkömmling der Vollkostenrechnung, eignet sich vor allem in Bereichen mit hohem Gemeinkostenaufkommen und geringen direkten Kosten, da in diesen Bereichen die Kostensituation durch falsche Zuschlagssätze enorm verfälscht werden könnte. *Siegwart* geht sogar soweit zu sagen, dass sich die Prozesskostenrechnung „auf bestimmte Kosten der Konstruktion, Fertigungsplanung oder Auftragssteuerung und der Materialdisposition" beschränkt.[78] Auch *Seicht* schreibt, dass die Prozesskostenrechnung ihren Anwendungsbereich nur in den indirekten Leistungsbereichen des Unternehmens haben kann.[79] Dies wäre im vorliegenden Fall der Fertigungsplanung der AUDI AG in

---
[77] Vgl. (Wikipedia – die freie Enzyklopädie 2005c)
[78] Vgl. Siegwart 1992, S. 125.
[79] Vgl. Seicht 2001, S. 568.

Ingolstadt der Fall und könnte sinnvoll angewendet werden um die Transparenz in der Arbeit der Fertigungsplanung und der anderen indirekten Bereiche zu erhöhen, die sich entscheidungsrelevant auf die Make-or-Buy-Entscheidung auswirken. Die Prozesskostenrechnung orientiert sich in ihrem Wesen sehr stark an einer verursachungsgerechten Zuordnung der Kosten und verfolgt somit dasselbe Ziel wie die entscheidungsorientierte Kostenrechnung, wie z.B. die „Grenzplankostenrechnung".[80] Die Prozesskostenrechnung wurde in die Arbeit mit aufgenommen, um die Vollständigkeit der Betrachtung zu gewährleisten und ihre Anwendungsmöglichkeit, die Kostensituation in den indirekten Bereichen transparenter zu machen, darzustellen. In vorliegender Situation würde Sie jedoch dem zu betreibenden Aufwand nicht gerecht werden, da in persönlichen Gesprächen erhoben wurde, dass sich die Änderungen der Kosten bezogen auf die Entscheidung zwischen Haus- und Kaufteil kaum auf die Kosten auswirken bzw. die ca. die Waage halten, weil sich der Aufwand nur zwischen den Abteilungen Fertigungsplanung und Einkauf verlagert. Es muss noch hinzugefügt werden, dass auch die Fertigungsplanung derzeit für Kaufteilebetreuung verantwortlich ist, weshalb der Aufwand in der Fertigungsplanung aufgrund der Entscheidung für Eigenfertigung oder Fremdbezug nicht nennenswert verändert wird und sich die Aufwandseinsparung in der Fertigungsplanung mit dem Zusatzaufwand im Einkauf ungefähr aufhebt. Die Prozesskostenrechnung wird deshalb in vorliegender Arbeit aus Aufwandsgründen nicht weiterverfolgt. Die prozesskostenmäßige Darstellung der indirekten Bereiche, welche durch eine Make-or-Buy-Entscheidung beeinflusst werden, könnte eventuell Inhalt einer auf diese Thematik fokussierten Diplomarbeit sein. Der Nutzen hieraus wäre, die Transaktionskosten quantifizierbar zu machen (Anbahnung, Preisfindung, Betreuung...), indem errechnet würde was die Durchführung der verschiedenen Prozesse in der Planung, im Einkauf, der Qualitätssicherung etc. kosten. Diese Kosten könnten dann in den quantitativen Vergleich der

---

[80] Vgl. Seicht 2001, S. 554.

Alternativen miteinbezogen werden und somit könnte eine möglichst genaue Erfassung der Kosten der indirekten Bereiche gewährleistet werden, welche durch die verschiedenen Alternativen verursacht werden.

5.2.3. Teilkostenrechnung

Wie in der Würdigung der Vollkostenrechnung bereits angedeutet wurde, kann eine Betriebsbuchführung, die die Korrelation von Kostenverursachung und Kostenentstehung vernachlässigt und zum Teil über willkürliche Zurechnungsmethoden (Schlüsselung) verwischt, keine sinnvolle Grundlage für eine zukünftige Entscheidung darstellen. Eine adäquate Grundlage für Planungs- bzw. Entscheidungsaufgaben im Sinne einer Make-or-Buy-Entscheidung kann daher nur ein Kostenrechnungssystem sein, welches eine Trennung zwischen entscheidungsrelevanten (variablen bzw. beschäftigungsabhängigen) und entscheidungsirrelevanten (fixen bzw. beschäftigungsunabhängigen) Kosten zulässt.[81]

Alle Systeme der Teilkostenrechnung haben die Forderung nach einer verursachungsgerechten Zuordnung der Kosten gemein[82] und entsprechen somit der angesprochenen Trennung zwischen entscheidungsrelevanten bzw. -irrelevanten Kosten. Sie basieren auf dem kausalen Verursachungsprinzip.[83]

Ein wesentliches Merkmal von Systemen der Teilkostenrechnung ist, dass hierbei im Vergleich zur Vollkostenrechnung nur ein Teil der Gesamtkosten den Kostenträgern angelastet wird. Die Kostenträger werden in der Teilkostenrechnung nur mit den variablen Kosten belastet, die fixen Kosten werden mehr oder weniger differenziert in der Kostenrechnung erfasst, aber

---

[81] Vgl. Eisele 2002, S. 742.
[82] Vgl. Macha 1998, S. 213.
[83] Vgl. zum Thema Zurechnungsprinzipien: Seicht 2001, S. 61-65.

den Kostenträgern nicht direkt zugeordnet, sondern müssen später bei der Ergebnisrechnung separat berücksichtigt werden.[84] Zugeordnet werden den Kostenträgern nur jene Kosten, welche sie auch direkt verursacht haben. Damit wird dem Gedanken Rechnung getragen, dass die fixen Kosten nicht durch die Erzeugung eines bestimmten Produkts, sondern durch die gesamte Leistungserstellung der Abrechnungsperiode verursacht werden.[85] Die Teilkostenrechnung folgt somit konsequent dem Verursachungsprinzip und ist deshalb in der Lage, die Konsequenzen verschiedener Alternativen aufzuzeigen und somit einer Make-or-Buy-Entscheidung als Grundlage zu dienen.

Es bleibt zu erwähnen, dass sich sowohl das System der Vollkostenrechnung als auch der Teilkostenrechnung auf dieselben Kostenbegriffe und dieselbe Kostenerfassung beziehen. Selbst die Abrechnungstechnik in Kostenarten- und Kostestellenrechnung ist identisch. Wesentliche Unterschiede ergeben sich erst in der Art der Kostenträgerrechnung. Während die Vollkostenrechnung sich auf die Betrachtung beschränkt, werden in der Teilkostenrechnung auch die Erlöse mit in Betracht gezogen.

Es seien nun nachfolgend die wichtigsten Teilrechnungssysteme kurz erwähnt und beschrieben:

---

[84] Vgl. Macha 1998, S. 214.
[85] Eisele 2002, S. 748.

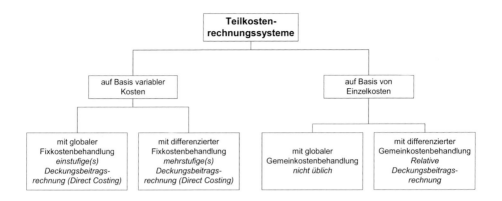

Darstellung 7: Systeme der Teilkostenrechnung
Quelle: in Anlehnung an Macha 1998, S. 216 und Eisele 2002, S. 748.

Es werden 2 Grundtypen der Teilkostenrechnung unterschieden. Als Fix-Variabel-Konzept bezeichnet man Systeme, welche die Kosen in variable und fixe Kosten trennen und somit eine Betrachtung der Kosten in Abhängigkeit von der Beschäftigung vornehmen. Als relative Deckungsbeitragsrechnung werden Systeme bezeichnet, die auf einer relativen Unterscheidung von Einzel- und Gemeinkosten basieren.[86]

Deckungsbeitragsrechnungen im Fix-Variablen-Konzept:

Im Fix-Variablen-Konzept werden wiederum 2 Rechnungsarten voneinander unterschieden. Es sind dies die einstufige Deckungsbeitragsrechnung und die mehrstufige Deckungsbeitragsrechnung. Bei beiden Verfahren werden die variablen Kosten auf gleiche Art und Weise als Ganzes verrechnet. Während aber bei der einstufigen Deckungsbeitragsrechnung die Fixkosten als kollektives Ganzes betrachtet und verrechnet werden, werden die Fixkosten in der mehrstufigen Deckungsbeitragsrechnung über verschiedene Ebenen abgerechnet und verschiedene Deckungsbeiträge des Erzeugnisses

---

[86] Vgl. Macha 1998, S. 215.

berechnet. In der einstufigen Deckungsbeitragsrechnung errechnet sich der Deckungsbeitrag (DB) aus:

DB (I)= Erlöse – variable Kosten (Produktdeckungsbeitrag je Produkt)

Dies entspricht dem Deckungsbeitrag I der mehrstufigen Deckungsbeitragsrechnung oder dem Erzeugnisdeckungsbeitrag.

In der mehrstufigen Deckungsbeitragsrechnung ergeben sich dann die weiteren Deckungsbeiträge wie folgt:

DB II = DB I – Produktfixkosten (Restdeckungsbeitrag/Produkt)
DB III = DB II – Produktgruppenfixkosten (Deckungsbeitrag/Produktgruppe)
DB IV = DB III – Kostenstellenfixkosten
DB V = DB IV – Bereichsfixkosten
Nettoerfolg = DB V – Unternehmensfixkosten[87]

Dies könnte noch mit der Einführung weiterer Stufen bis auf Konzernebene fortgeführt werden. Zu beachten ist hierbei, dass als zugeordnete Kosten immer nur die verursachungsgerechten Kosten zugewiesen werden dürfen.

Damit die Teilkostenrechnung im Fix-Variablen-Konzept ihrer Aufgabe hinsichtlich der Aufteilung der Kosten in beschäftigungsabhängige, entscheidungsrelevante (variable) und beschäftigungsunabhängige, entscheidungsirrelevante (fixe) Kosten nachkommen, kann ist es notwendig eine Kostenspaltung durchzuführen, um die Kosten zu eruieren. Zur Kostenspaltung gibt es verschiedene Methoden:

---

[87] Vgl. Eisele 2002, S. 755.

a.) Buchhalterische Methode:

Bei der buchhalterischen Methode der Kostenaufspaltung wird jeder einzelne Kostenbetrag von einer Fachkraft daraufhin untersucht, ob er hinsichtlich der Beschäftigung fixen oder variablen Charakter besitzt. Die bewertende Person nimmt nach ihrem eigenen Ermessen eine Zuordnung der Kosten in variable und fixe Kosten vor. Die Zuordnung der Kosten hängt bei dieser Methode sehr stark von der Erfahrung der entsprechenden Fachkraft ab. Kritiker halten dieses Verfahren für grob und willkürlich, da ihm kein objektives Kriterium der Aufspaltung zugrunde liegt. *Macha* ist der Meinung, dass mit diesem Verfahren bei entsprechender Erfahrung mit dieser Methode hervorragende Ergebnisse möglich sind.[88]

b.) Mathematische Methode

Das mathematische Verfahren der Kostenspaltung wird oftmals auch als Kostenauflösung mit Hilfe des proportionalen Satzes bezeichnet. Es geht von zwei verschiedenen Beschäftigungsgraden aus, für welche jeweils die Gesamtkosten erfasst werden bzw. bekannt sind. Es werden dann als Differenz der Gesamtkosten die Kostenspanne und als Differenz der Beschäftigung die Beschäftigungsspanne ermittelt. Der proportionale Satz ist definiert als der Quotient aus Kostenspanne und Beschäftigungsspanne:

$$d = \frac{K_2 - K_1}{x_2 - x_1}$$

mit d = proportionaler Satz

K_i = Gesamtkosten bei Beschäftigungsgrad i, i = 1, 2

x_i = Beschäftigungsgrad (Leistungsmenge) i, i = 1, 2

---

[88] Vgl. Macha 1998, S. 217.

Bei linearem Gesamtkostenverlauf sind die variablen Stückkosten (k_v) mit dem proportionalen Satz identisch. Die fixen Kosten können errechnet werden aus:

$$K_f = K_i - k_v * x_i \qquad \text{für } k_v = d$$

Das mathematische Verfahren unterstellt einen linearen Kostenverlauf. Ausgehend von den beiden ermittelten Kosten-Beschäftigungsgrad-Kombinationen kann mittels dieses Verfahrens die Kostengerade über alle Beschäftigungsgrade ermittelt und graphisch dargestellt werden. Am Schnittpunkt der Gerade mit der Ordinate kann die Höhe der Fixkosten abgelesen werden, die Steigung der Geraden entspricht dem proportionalen Satz und entspricht den Fixkosten.

Die Geradengleichung lautet:

$$K = K_f + d * x = K_f + k_v * x$$

An dieser Methode könnte kritisiert werden, dass sie einen linearen Kostenverlauf unterstellt, sowie lediglich zwei Beobachtungswerte in die Betrachtung miteinbezieht, was eventuell zu Zufallsergebnissen führen könnte.[89]

Dazu ein Beispiel:

Ermittelter Gesamtkosten-Beschäftigungsgrad Punkt 1:
Beschäftigungsgrad 70% = 210 Stunden, Gesamtkosten von 108.000€

Ermittelter Gesamtkosten-Beschäftigungsgrad Punkt 2:
Beschäftigungsgrad 85% = 255 Stunden, Gesamtkosten von 128.250€

---

[89] Vgl. Eisele 2002, S. 744f.

$$d = \frac{128.500 - 108.000}{255 - 210} = \frac{20.250}{45} = 450$$

Die fixen Kosten ergeben sich aus:
$Kf = 128.250 - 450 * 255 = 13.500$

Die Gleichung der Kostengeraden ergibt:
K = 13.500 + 450x

c.) Methode der kleinsten Quadrate

Die Methode der kleinsten Quadrate funktioniert im Prinzip ähnlich wie die mathematische Methode, mit dem Unterschied, dass bei der Methode der kleinsten Quadrate die Kosten- und Beschäftigungssituation im Regelfall während einer hinreichend langen Periode statt nur in zwei Zeitpunkten ermittelt werden, es stellt also eine Verfeinerung der vorher beschriebenen Methode dar. Die einfachste Möglichkeit wäre nun, die ermittelten Punkte in ein Koordinatensystem einzutragen und eine Gerade mit möglichst geringer vertikaler Abweichung zu den eingezeichneten Punkten durch das Koordinatensystem zu legen.

Die Regressionsgerade y = b + m * x kann nach der Methode der kleinsten Quadrate errechnet werden über:

$$m = \frac{\sum_{i=1}^{n}(x_i - \overline{x})(y_i - \overline{y})}{\sum_{i=1}^{n}(x_i - \overline{x})^2} \quad \textbf{und} \quad b = \overline{y} - m * \overline{x}$$

mit   x   =   Leistungsmenge

$\bar{x}$ =   durchschnittliche Leistungsmenge im Betrachtungszeitraum

y   =   Kosten

$\bar{y}$ =   durchschnittliche Gesamtkosten im Betrachtungszeitraum

Die Methode der kleinsten Quadrate liefert laut *Seicht* das relativ exakteste Ergebnis[90], *Macha* jedoch demonstriert anhand der Durchführung von Beispielen, dass das Ergebnis der verschiedenen Methoden nur geringfügig voneinander abweicht.[91] Es soll deshalb, in dieser Arbeit dem Controller überlassen werden, ob er die Spaltung in entscheidungsrelevante (variable) und entscheidungsirrelevante (fixe) Kosten anhand von Erfahrungswerten oder mithilfe der eben vorgestellten Methoden vornehmen möchte. Aus Gründen des notwendigen Aufwandes wird das buchhalterische Verfahren empfohlen, da dieses bei ausreichender Erfahrung der Fachkraft mit der Materie weitgehend genau Ergebnisse liefern kann.

Deckungsbeitragsrechung auf Basis relativer Einzelkosten

Der Unterschied der Deckungsbeitragsrechnung auf der Basis relativer Einzelkosten zur mehrstufigen Deckungsbeitragsrechnung besteht im Wesentlichen nur in der strikteren Trennung der zurechenbaren Kosten und der Kostenunterscheidung. Diese Variante der Teilkostenrechnung ist in besonderem Maße entscheidungsorientiert, nur die direkt und ohne Schlüsselung zurechenbaren Einzelkosten werden den Produkten bzw. Leistungen angelastet, fixe und variable Gemeinkosten sind dagegen von einer Verteilung auf die Leistungseinheiten ausgeschlossen. *Eisele* beschreibt, dass durch diese

---
[90] Vgl. Seicht 2001, S. 747.
[91] Vgl. Macha 1998, S. 223.

konsequente, entscheidungsorientierte Erfassung ausschließlich entscheidungsrelevante Kosten zugerechnet werden, was insbesondere die Planung und Kontrolle unternehmerischer Entscheidungen erlaubt."[92]

5.2.4. Schlussfolgerungen

Die Teilkostenrechnung trägt wesentlich dem Gedanken Rechnung, dass fixe Kosten nicht durch die Erstellung eines bestimmten Produktes, sondern durch die gesamte Leistungserstellung in der Abrechnungsperiode verursacht werden. Deshalb sind für eine Make-or-Buy-Entscheidung die Berechnungssysteme der Teilkostenrechnung am besten geeignet, da sie eine verursachungsgerechte Zuordnung der tatsächlich entstehenden Kosten für die Bewertung einer Alternative im Haus zulassen. Die Kostenspaltung in entscheidungsrelevante und entscheidungsirrelevante Kosten, die jeweils von der Entscheidungssituation abhängig ist, ist von höchster Bedeutung um die Bewertung einer Eigenfertigung richtig durchführen zu können. In welchen Situationen welche Kosten sich jeweils als entscheidungsrelevant darstellen, soll nachfolgend geklärt werden.

5.3 Kostenerfassung der internen Fertigung

Die bedeutendste Voraussetzung für einen wahrheitsgetreuen und richtigen Kostenvergleich ist eine Kostenerfassung der Eigenfertigung, in welche ausschließlich entscheidungsrelevante Kosten, also nur jene Kosten, die tatsächlich bei der Realisierung einer Alternative anfallen bzw. wegfallen, mit einbezogen werden. Es ist deshalb absolut notwendig, eine Aufspaltung in variable, leistungsabhängige und fixe, leistungsunabhängige Kosten durchzuführen. Die entscheidungsrelevanten Kosten einer Eigenfertigung werden vor allem beeinflusst durch die Fristigkeit des Planungshorizontes, sowie der

---

[92] Eisele 2002, S. 759.

Beschäftigungslage des Betriebes.[93] Da es sich bei vorliegender Entscheidungssituation um eine langfristige Entscheidung handelt, wird der Aspekt der kurzfristigen Entscheidungen weitgehend vernachlässigt. Es bleibt zu erwähnen, dass in die hier empfohlene Kostenkalkulation keine Kosten der indirekten Bereiche wie Planung, Qualitätssicherung etc. mit einbezogen werden, da sich diese zwischen den Alternativen erfahrungsgemäß nicht nennenswert unterscheiden und deshalb als konstant bzw. vernachlässigbar angesehen werden können.

5.3.1. Entscheidungsrelevante Kosten bei Unterauslastung

Wenn sich das entscheidende Unternehmen in Unterauslastung der eigenen Fertigung befindet, so sind für den Kostenvergleich nur die variablen Grenzkosten anzusetzen. Aufgrund dessen, dass bei einer kurzfristigen Entscheidung die Maschinen, Personal etc. als fix anzusetzen sind, sind hier deshalb nur die variablen Kosten wie z.B. Material, Betriebsmittel, Logistik etc. anzusetzen. Diese Aussage ist jedoch nur für kurzfristige Entscheidungssituationen gültig.

Bei längerfristigen Entscheidungen, wie es bei der Taufung von Blecheinzelteilen über die Modelllaufzeit (ca. 8 Jahre) der Fall ist, wird von einer höheren Beeinflussbarkeit der Kosten und damit von einer teilweise möglichen Variabilisierbarkeit der Fixkosten ausgegangen.[94] Als Kosten einer internen Fertigung sind somit bei Unterbeschäftigung bzw. freier Kapazität die variablen Herstellkosten und die im Entscheidungszeitraum abbaubaren Fixkosten anzusetzen.[95] Des Weiteren sind theoretisch mögliche Liquidationserlöse als Kosten einer Eigenfertigung anzusetzen, wobei die Kosten für die Freisetzung der Fixkosten (wie z.B. Abfindungen, Abbau von

---

[93] Vgl. Männel 1996, S. 76.
[94] Zäh/Neise/Sudhoff 2003, S. 2.
[95] Vgl. Reichmann/ Pallocks 1995, S. 7.

Maschinen) abzuziehen sind. Es kann also gesagt werden, dass sich die Kostenkalkulation bei Unterauslastung zusammensetzt aus:

Kosten =   variable Herstellkosten + abbaubare Fixkosten
+ Liquidationserlöse – Kosten für den Abbau der Fixkosten

5.3.2. Entscheidungsrelevante Kosten bei Vollauslastung

Wenn über den betrachteten Entscheidungszeitraum Vollbeschäftigung vorliegt und in diesem Zeitraum keine Kapazitätserweiterung vorgenommen wird, setzen sich die Kosten aus den gleichen Kosten wie bei Unterauslastung zusammen, es müssen jedoch Opportunitätskosten der anderen, nicht realisierbaren Alternativen angesetzt werden. Die Kosten ergeben sich daher aus:

Kosten =   variable Herstellkosten + Opportunitätskosten + abbaubare Fix- kosten
+ Liquidationserlöse – Kosten für den Abbau der Fixkosten

Bei kurzfristigen Entscheidungssituationen, in welchen die fix anfallenden Kosten nicht verändert werden können, ergeben sich die Kosten aus den variablen Herstellkosten + Opportunitätskosten.

5.3.3. Entscheidungsrelevante Kosten bei Kapazitätsaufbau

Wenn angedacht wird zusätzliche Maschinen und/oder Gebäude etc. anzuschaffen, so ist dies über das Verfahren der Investitionsrechnung zu überprüfen. Daraus resultierende Entscheidungen werden kaum Aussagen zu einem spezifischen herzustellenden Produkt sein, sondern werden meist ganze Programmentscheidungen nach sich ziehen.

5.3.4. Schlussfolgerungen

Der maßgeblichste Begriff hinsichtlich der Kostenerfassung einer möglichen Eigenfertigung ist der Begriff der entscheidungsrelevanten Kosten. Es dürfen bei entscheidungsorientierter Kostenerfassung für die interne Leistungserstellung nur Kosten miteinbezogen werden, welche durch die Entscheidung beeinflusst bzw. ausgelöst werden und auszahlungsrelevante Kosten darstellen. Entscheidungsrelevant stellen sich die Kosten dar, die bei der Entscheidung für eine Handlungsalternative zusätzlich in Kauf genommen werden müssen oder die bei der Entscheidung gegen diese nicht mehr anfallen bzw. gar nicht erst entstehen.[96] Die Unterteilung in fixe, jedenfalls anfallende Kosten und variable, beschäftigungsabhängige Kosten ist von großer Wichtigkeit als Basis für eine verursachungsgerechte, richtige Zuordnung der Kosten, die durch eine Eigenfertigung effektiv anfallen würden. Im Allgemeinen setzen sich bei längerfristigen Entscheidungen die Kosten einer Eigenfertigung aus den variablen Herstellkosten und den bei Nicht-Realisierung einer internen Fertigung abbaubaren Fixkosten zuzüglich bzw. abzüglich der Erlöse bzw. Aufwendungen für den Abbau der Fixkosten zusammen. Der Sachverhalt kann in folgender Darstellung verdeutlicht werden:

---

[96] Zäh/Neise/Sudhoff 2003, S. 1.

Beschäftigung / Fristigkeit	Vollbeschäftigung	Unterbeschäftigung
kurzfristig	Kosten = variable Herstellkosten + Opportunitätskosten	Kosten = variable Herstellkosten
langfristig	Kosten = variable Herstellkosten + Opportunitätskosten + abbaubare Fixkosten + Erlöse Abbau Fixkosten - Kosten Abbau Fixkosten	Kosten = variable Herstellkosten + abbaubare Fixkosten + Erlöse Abbau Fixkosten - Kosten Abbau Fixkosten

Darstellung 8: Kostenerfassung in einer entscheidungsorientierten Situation
Quelle: Ergänzte eigene Darstellung in Anlehnung an Reichmann/Pallocks 1995, S.7.

Beachtet werden muss, dass hierbei unter variablen Herstellkosten jene Kosten gemeint sind, die variabel mit der Herstellung anfallen und nicht den Fixkosten zugehören. Es ist bei der Kostenbewertung je nach Situation zu ermitteln, welche Kosten sich tatsächlich als auszahlungswirksam und entscheidungsrelevant darstellen. Diese sind dann in die Kostenerfassung mit aufzunehmen.

Abschreibungen beispielsweise werden - vorausgesetzt es werden fixe und variable Kosten in der Kostenrechnung getrennt - als fixe Kosten angesehen und sind deshalb nicht entscheidungsrelevant.[97] Es könnte jedoch argumentiert werden, dass die Abnutzung der Maschinen und Gebäude durch die Eigenerstellung stärker ist und die Lebensdauer des untersuchten Objektes reduzieren könnte. Es entsteht daraus ein höherer Zwang zur Wiederbeschaffung. Aus diesem Grunde könnte eventuell ein Teil der

---
[97] Vgl. Seicht 2001, S. 114.

Abschreibungen angesetzt werden, Methoden zur Ermittlung dieses teilvariablen Anteils sind unter anderem bei *Seicht* zu finden.[98]

Bei einer langfristigen Entscheidung muss genau eruiert werden, welche Kosten sich innerhalb des Entscheidungszeitraumes variabilisieren und somit abbauen lassen und welche Kosten innerhalb des Entscheidungszeitraumes bestehen bleiben werden. Diese nicht innerhalb des Entscheidungszeitraumes abbaubaren Kosten nennt man „sunk costs". Letztere werden nicht durch die Entscheidung für oder gegen eine Eigenfertigung beeinflusst und sind deshalb für die Kostenerfassung nicht entscheidungsrelevant. Alle im Entscheidungszeitraum abbaubaren Fixkosten müssen der Eigenfertigung als entscheidungsrelevante Kosten zugerechnet werden. Diese umfassen sowohl Einnahmen aus Desinvestitionen (z.B aus Gebäuden oder Maschinen) als auch Kosten für den Abbau oder für Abfertigungszahlungen, welche damit von den Kosten einer Hausteilfertigung wieder abgezogen werden müssten.

Es ist je nach Situation genau zu unterscheiden, welche Kosten sich mit der Aufnahme der Fertigung variabel gestalten und welche Kosten Fixkostencharakter haben und somit nicht in die Entscheidung aufzunehmen sind. Weiters sind jeweils nur auszahlungsrelevante Kosten zu berücksichtigen.

5.3.5. Sensitivitätsanalyse

Die wesentlichen Einflussgrößen auf die Kosten innerhalb der Kostenerfassung sind die Einzelkosten (Materialkosten, Materialgemeinkosten, Fertigungskosten und Fertigungsgemeinkosten) sowie die Werkzeuginvestition. Der Unterschied in den Gesamtausgaben wird des Weiteren maßgeblich beeinflusst von der zu produzierenden Stückzahl. Um eine möglichst aussagekräftige und in Zukunft gültige Kostenerfassung zu

---

[98] Vgl. Seicht 2001, S. 112.

gewährleisten, ist es notwendig, alle Faktoren, die sich auf die Kostenstruktur und somit die gesamt zu erwartenden Kosten auswirken, hinsichtlich ihrer Ausprägungen und ihres Einflusses auf die Entscheidung zu überprüfen, mehrere Alternativen zu bilden und nach der Wahrscheinlichkeit ihres Eintretens zu berechnen.

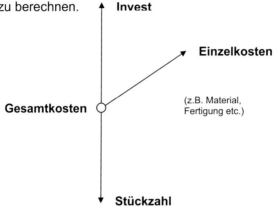

Darstellung 9: Zu überprüfende Einflussfaktoren auf die Gesamtkosten

5.4 Kostenvergleich

Grundsätzlich kommen für einen Kostenvergleich innerhalb einer Make-or-Buy-Entscheidung zwei Systeme des Kostenvergleiches in Frage. Diese Verfahren sind - wie eingangs erwähnt - der statische Kostenvergleich und der dynamische Investitionsansatz.

Bei einer langfristigen Wahl zwischen Eigenfertigung und Fremdbezug sind alle in Zukunft anfallenden Kosten der Alternativen zu erfassen, womit sich das Problem als Investitions- bzw. Desinvestitionsproblem darstellt.[99] Für die Entscheidungsfundierung reichen hierbei statische Kostenvergleichsrechnungen nicht mehr aus. Es muss auf dynamische Verfahren der Investitionsrechnung zurückgegriffen werden, um verschiedene Zeitabschnitte berücksichtigen zu können.

---

[99] Zäh/Neise/Sudhoff 2003, S. 2.

Es ist deshalb im Sinne der Betrachtung als Investitionsproblem notwendig Zahlungsreihen für die verschiedenen Bereitstellungsalternativen zu bilden und die Höhe sowie den Zeitpunkt der für die Make-or-Buy-Entscheidung relevanten ein- und auszahlungswirksamen Positionen zu bestimmen, da sie die Grundlage für das Erstellen von Finanzplänen und die Durchführung von Investitionsrechnung bilden.[100] In diesen Kostenvergleich sind, wie unter dem Abschnitt Kostenerfassung bereits erwähnt, nur entscheidungsrelevante Kosten einzubeziehen.

Kapitalwertvergleich

Die eben genannten Anforderungen eines dynamischen Kostenvergleichs der verschiedenen Bereitstellungsalternativen erfüllt am besten ein Kapitalwertvergleich. Bei diesem Vergleich wird der Kapitalwert als Summe aller mit einem einheitlichen Kalkulationszinssatz auf einen Zeitpunkt auf- bzw. abgezinsten Ein-/Auszahlungen bestimmt. Es wird zumindest in der quantitativen Bewertung unterstellt, dass sich keine absatzpreis- oder mengenrelevanten Beeinflussung durch die Wahl der verschiedenen Bereitstellungsalternativen unterstellt.

Der Kapitalwert errechnet sich in vorliegender Situation

    a) aus der Werkzeuginvestition, welche notwendig ist, um das Erzeugnis herstellen zu können,

    b) den mengenabhängigen Auszahlungen, die für das Erzeugnis anfallen und

    c) den mengen- und betriebsmittelunabhängigen Auszahlungen pro Periode, die für die Produktion des Erzeugnisses anfallen.

Liquidationserlöse der Werkzeuge nach Ende der Modellaufzeit werden nicht in die Berechnung mit aufgenommen, da diese aufgrund der Sonderanfertigung

---

[100] Mikus 2001, S. 131.

ausschließlich zweckgebunden eingesetzt werden können und somit kein Liquidationserlös zu erzielen ist. Kosten für die Aufrechterhaltung der Betriebsbereitschaft und Liquidationserlöse aus Betriebsmitteleinheiten werden vernachlässigt, da auch hier für die alten, abgeschriebenen Pressen kein nennenswerter Erlös (insofern die Abbaukosten und Transportkosten diesen nicht übersteigen) zu erzielen ist.

Der Kapitalwert für die Eigenfertigung errechnet sich - angelehnt an Mikus - vereinfacht und angepasst an die Situation aus:

$$KW^{EF} = -A_0 - \sum_{t=1}^{T} \left(\frac{\bar{r}_t \times a_t^{EF} + A_{f,t}^{EF}}{q^t} \right)$$

mit

A_0 = Anschaffungsauszahlung für Werkzeuge im Zeitpunkt 0

$\bar{r}_t$ = Bedarfsmenge des Erzeugnisses in Periode t

a_t^{EF} = mengenabhängige Auszahlungen pro Einheit des Erzeugnisses bei Eigenfertigung in der Periode t

$A_{f,t}^{EF}$ = mengen- und betriebsmittelunabhängige Auszahlungen bei Eigenfertigung in der Periode t

q = Abzinsungsfaktor

T = Planungszeitraum

jener des Fremdbezugs aus:

$$KW^{FB} = -A_0 - \sum_{t=1}^{T}\left(\frac{\bar{r}_t \times a_t^{FB} + A_{f,t}^{FB}}{q^t}\right)$$

mit

a_t^{FB} = mengenabhängige Auszahlungen pro Einheit des Erzeugnisses bei Eigenfertigung in der Periode t

$A_{f,t}^{FB}$ = mengenunabhängige Auszahlungen bei Fremdbezug des Erzeugnisses in der Periode t[101].

Der errechnete Kapitalwert der Alternativen wird dann zum Schluss im Modell hinsichtlich ihrer Auszahlungsdifferenz verglichen. In den Kapitalwert sind auch Transaktionskosten (Reisekosten, Betreuungskosten des Lieferanten etc.) mit einzuberechnen, insofern diese quantifizierbar sind.

---

[101] Vgl. Mikus 2001, S. 135f.

6 Modell

Im folgenden Kapitel soll das Modell zur Bewertung von Entscheidungssituationen und der verschiedenen Alternativen plausibilisiert und vorgestellt werden. Um den Werdegang nachvollziehbar zu gestalten, sollen zuerst die Grundlagen zur Modellbildung und die Anforderungen an das Modell beschrieben werden. Daran anschließend werden die grundsätzlichen Bestandteile des Modells erläutert sowie das Modell selbst im Detail vorgestellt. Abschließend werden drei Entscheidungssituationen anhand spezifischer Gegebenheiten durch das Modell „durchgespielt", um die Funktionsfähigkeit des Modells zu validieren sowie die Anwendung des Konzeptes zu erklären.

6.1 Anforderungen an das Modell

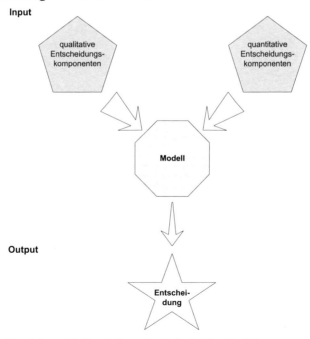

Darstellung 10: Darstellung der Aufgabe des Modells

Das Modell muss im Wesentlichen in der Lage sein, aus den Inputgrößen der qualitativen und der quantitativen Entscheidungskomponenten einen Output zu gestalten, aus dem eine Entscheidung ableitbar ist.

Bei einer strategischen Make-or-Buy-Entscheidung müssen eine Vielzahl qualitativer Entscheidungsfaktoren und verschiedener Ziele berücksichtigt werden, die eine strategische Entscheidung aufweist. Es ist es deshalb unbedingt notwendig, ein multivariates Modell zu erstellen, welches explizit verschiedene Ziele betrachtet und in die Entscheidung mit aufnimmt. Derartige Eigenschaften zur Verknüpfung verschiedenartiger Ziele können nur durch qualitative Verfahren zur Entscheidungsbewertung gewährleistet werden. Janker schreibt über qualitative Bewertungsverfahren: „Qualitative Verfahren können alle für eine Entscheidung wesentlichen Kriterien berücksichtigen, unabhängig davon, ob diese quantifizierbar sind oder nicht."[102]

6.2 Grundlagen der qualitativen Modellbildung

6.2.1. Kriterienklassifizierung

Die Kriterien können hinsichtlich ihres Einflusses auf die Entscheidung unterschieden werden. Es muss hierbei zwischen

- K.O.-Kriterien,
- Mindestanforderungen und
- variablen Kriterien

---

[102] Janker, 2004. S. 115.

unterschieden werden.[103] Während K.O.-Kriterien sofort zu einer Entscheidung und somit zum Abbruch der Bewertung führen, da die Entscheidung bei Zutreffen bzw. nicht Zutreffen klar ist, wird der Bewertungsvorgang für eine mögliche Alternative bei Existenz einer Mindestanforderung nur dann beendet, wenn sie eine solche unterschreitet. Die betreffende Alternative ist sodann, wenn sie eine Mindestanforderung unterschreitet, von der weiteren Bewertung auszuschließen.

6.2.2. Einteilung der qualitativen Bewertungsverfahren

Im Wesentlichen lassen sich die qualitativen Verfahren in numerische, grafische und verbale Verfahren einteilen. Aufgrund der Eignung zur Gewichtung der verschiedenen Kriterien und der besseren Eignung für die vorliegende Arbeit soll im weiteren Verlauf nur auf die numerischen Bewertungsverfahren eingegangen werden. Als bekannteste Vertreter der verbalen Bewertungsverfahren seien hier das Checklistenverfahren sowie verschiedene Portfolio-Techniken genannt. Bei den grafischen Verfahren sollen die Profilanalyse sowie die Gap-Analyse erwähnt werden.

Unter den numerischen Verfahren sind vor allem die Notensysteme und Punktbewertungsverfahren bekannt.

---

[103] Melchert 1992, S. 85.

a. Notensysteme

Notensysteme sind immer dann von Nutzen, wenn keine Gewichtung der Kriterien notwendig ist. Die Noten können sowohl lediglich Formen von 1-3 (z.B. 1 = immer; 2 = häufig; 3 = selten) annehmen, oder wie beim qualifizierten Notensystem auch von 1-9. Es werden am Ende der Bewertung die Punkte aller Kriterien addiert.

Alternativenbeurteilung			
Alternative wirkt auf:...	positiv 9-7	neutral 6-4	schlecht 3-1
die Beschäftigung			
die Flexibilität			
Know-how-Transfer			
die Liquidität			
nächste Fertigungsstufe			
Qualität			
Versorgungssicherheit			

Darstelllung 11: Beispiel eines Notensystems

Derjenigen Alternative mit der höchsten Punkteanzahl ist der Vorzug zu geben.[104] Kritikpunkt an den Notensystemen ist die fehlende Möglichkeit zur Kriteriengewichtung.

b. Punktbewertungsverfahren

Als Punktbewertungsverfahren sind das 100-Punkte-Bewertungsverfahren, das Prozentbewertungsverfahren sowie Scoringmodelle bzw. die Nutzwertanalyse als Bewertungsmöglichkeiten zu nennen. Beim 100-Punkte-Bewertungsverfahren wird die maximale Punktzahl von 100 auf die verschiedenen Kriterien verteilt. Bei der Bewertung ist dann entsprechend des gerade zu bewertenden Kriteriums eine Punkteanzahl zwischen 0 (nicht erfüllt) und der vorher für das Kriterium maximal festgelegten Punktzahl (im unteren Beispiel für das Kriterium Beschäftigung mit 5 Punkten bzw. vollständig erfüllt), zu verteilen.

---

[104] Vgl. Janker 2004, S. 117.

Zielkriterium	max.	Alternative 1	Alternative 2
Beschäftigung	5		
Flexibilität	20		
Know-how-Transfer	15		
Liquidität	20		
Fertigungsstufe	15		
Qualität	20		
Versorgungssicherheit	5		
Summe	100		

Darstellung 12: Beispiel eines 100-Punkte-Bewertungssystems

Das Prozentbewertungsverfahren funktioniert im Prinzip ähnlich wie das 100-Punkte-Bewertungsverfahren. Es werden für die einzelnen Anforderungskriterien prozentuale Erfüllungsgrade berechnet und diese werden dann mit den vorher festgelegten Gewichtungsfaktoren multipliziert. Sowohl die Summe der Gewichtungsfaktoren als auch jene der maximal erreichbaren Gesamtpunkteanzahl muss 100 ergeben.[105]

Aufgrund der Bedeutung der Nutzwertanalyse für die Konzeption des angewendeten Modells soll diese im folgenden Abschnitt separat ausführlicher behandelt werden.

6.3 Nutzwertanalyse

Die Nutzwertanalyse stellt ein in der Literatur bereits bekanntes Instrumentarium zur Berücksichtigung strategischer Komponenten dar und soll innerhalb des Modells zur intersubjektiven Bewertung und zur Herstellung der Vergleichbarkeit der Kriterien in Abhängigkeit von ihrer Bedeutung

---

[105] Vgl. Janker 2004, S. 119f.

herangezogen werden. Im internationalen Sprachgebrauch wird für diese Methodik auch der Begriff Scoringmodelle verwendet.[106] Dieser Begriff kann abgeleitet werden vom Englischen „to score" und bedeutet zu Deutsch „punkten".

Bei der Nutzwertanalyse handelt es sich um eine Methode, die den Nutzwert verschiedener Entscheidungsalternativen im Vergleich zueinander liefert. Die Nutzwertanalyse eignet sich vor allem zur Bewertung „weicher Faktoren" – ihrerseits Faktoren, welche nicht monetär oder zahlenmäßig bewertbar sind.

Im Prinzip geht es darum, verschiedenen Handlungsalternativen hinsichtlich ihrer Zielerreichung eine gewisse Punkteanzahl zuzuordnen. Die Zuordnung der Punkteanzahl erfolgt dadurch, dass die Alternativen auf bestimmte, im Vorhinein festgelegte Kriterien bewertet werden und mit der jeweiligen Gewichtung des betreffenden Kriteriums verknüpft werden. Die Rangfolge bzw. beste Lösung resultiert dann aus der Gesamtpunkteanzahl der verschiedenen Varianten. Die Unterscheidungsmöglichkeit zwischen den Varianten ergibt sich aus den unterschiedlichen Möglichkeiten, den Kriterienausprägungen Punkte zuzuordnen.

Um eine Nutzwertanalyse durchführen zu können sind vorerst folgende Teilschritte zu durchlaufen:

1. Zielkriterienbestimmung,
2. Zielkriteriengewichtung,
3. Teilnutzenbestimmung,
4. Nutzwertermittlung und
5. Beurteilung der Vorteilhaftigkeit.

---

[106] Teichmann 1996, S. 150.

Zuerst müssen die für die Entscheidung relevanten Zielkriterien ermittelt werden (1). Wenn die Zielkriterien bestimmt sind muss eine Gewichtung der Kriterien vorgenommen werden um dem unterschiedlich großen Einfluss der Kriterien auf die Entscheidung gerecht zu werden.

Die Bestimmung der Gewichte g_j ($j = 1,..., J$) kann auf verschiedenste Weise vorgenommen werden (2). So können die Gewichte beispielsweise unter Verwendung einer Normierungsbedingung aufgeteilt und damit eine relative Wichtigkeit der Kriterien untereinander zugewiesen werden. Dies bildet dann den grundsätzlichen Aufbau und die Konzeption des Modells. Nun soll für die Analyse der jeweilige Teilnutzen(n_{ij}) der betreffenden Alternativen (i) hinsichtlich der Zielerreichung bewertet werden(3). Es ist darauf zu achten, dass jedem Zielkriterium Eigenschaftsausprägungen für jede Handlungsalternative zugewiesen werden. Bei der Nutzwertermittlung (4) werden nun die bereits vorher ermittelten Größen der Gewichtung und des Teilnutzens miteinander verknüpft, indem die Punkteanzahl des Kriteriums mit dem Teilnutzen multipliziert wird. Die Punkte der einzelnen Kriterien werden dann addiert und zu einer Gesamtpunkteanzahl (N_i) der betreffenden Alternative zusammengefasst. Derjenigen Alternative die den höheren Gesamtpunktwert erreicht ist der Vorzug zu geben (5). Formal gilt:

$$N_i = \Sigma\, n_{ij} * g_j \quad (i=1,..., m)$$

g_j Gewicht des Zielkriteriums j
n_{ij} Teilnutzen des Zielkriteriums j für die Alternative i
N_i Nutzwert für die Alternative i

6.4 Konzeption des Bewertungsmodells

Für die Konzeption des Modells sind vorerst die im Zuge der Nutzwertanalyse vorgestellten Schritte der Zielkriterienbestimmung, der Zielkriteriengewichtung sowie die Festlegung der Skalierung für die Teilnutzenvergabe zu durchlaufen. Sowohl die Zielkriterienbestimmung als auch die Kriteriengewichtung und die Festlegung der Mindestanforderungen wurden mit den zuständigen Planern der Abteilungen I/PG-212, I/PG-221, I/PG-222 und I/PG-231 besprochen und abgestimmt.

6.4.1. Zielkriterienbestimmung

Zuerst müssen die für die Entscheidung relevanten Zielkriterien bestimmt werden. Um ein aussagekräftiges Ergebnis zu erhalten, ist es absolut notwendig, die Kriterien redundanzfrei zu halten, um nicht ein- und denselben Aspekt mehrmals in der Entscheidung mit zu berücksichtigen. In vorliegender Arbeit haben sich, aus den in Kapitel 5 aufgelisteten qualitativen Entscheidungskomponenten, für die spezifische Situation in der sich die Fertigungsplanung der AUDI AG, befindet folgende Kriterien ergeben.

a. Einzelteil-Qualität:

Die Qualität hat innerhalb der AUDI AG, wie bereits eingangs unter den qualitativen Entscheidungskomponenten erwähnt, einen wesentlichen Einfluss auf die Gesamtentscheidung und ist deshalb als Entscheidungskriterium unbedingt in das Modell mit aufzunehmen. Es könnte argumentiert werden, dass von jedem Anbieter dieselbe Qualität sowohl bei Eigenfertigung als auch bei Fremdbezug gefordert wird und das Kriterium Qualität deshalb irrelevant sei. Bei einem Arbeitsgespräch wurde aber augenscheinlich, dass von Lieferanten sehr wohl ein gewisser Qualitätsstandard gefordert werden kann, ob das gelieferte Produkt dann allerdings die Anforderungen vollständig erfüllt, bleibt dahingestellt. Trotz derselben grundsätzlichen Anforderungen an die Qualität der Anbieter ist es daher notwendig, die wahrscheinliche Zielerreichung zwischen den Alternativen zu bewerten. Es muss allerdings bei der Bewertung darauf geachtet werden, ob die Qualität bei für Kunden nicht sichtbaren oder nicht Funktionsmaß bestimmenden Teilen kundenrelevant ist.

b. Qualitative Auswirkungen auf die nächste Fertigungsstufe

In der Einleitung und Problemstellung wurde erwähnt, dass sich die vorliegende Arbeit lediglich mit der Richtigkeit der Entscheidung innerhalb einer Fertigungsstufe beschäftigt. Allerdings ist es trotzdem notwendig, die nächste Fertigungsstufe mitzubetrachten, um die richtige Entscheidung innerhalb der Fertigungsstufe des Einzelteils gewährleisten zu können. Dies begründet sich aus der besseren Abstimmungsmöglichkeit der Einzelteile innerhalb der Schweißgruppe, der sie zugehören. Es zielt also auch dieser Aspekt auf den Punkt Qualität ab. Dennoch handelt es sich bei diesem Kriterium um kein redundantes, weil sich das Kriterium Einzelteilqualität der Bereit-stellungsalternative auf das Einzelteil bezieht, das Kriterium der qualitativen Auswirkungen auf die nächste Fertigungsstufe aber ausschließlich auf die antizipierte Qualität der späteren Schweißgruppe abzielt.

c. Flexibilität hinsichtlich Änderungen

Unter diesem Gesichtspunkt wird die Flexibilität, konstruktive oder prozessbedingte Änderungen problemlos und zeitnah umsetzen zu können, verstanden. Dieses Kriterium ist unbedingt notwendig, um z.B. Probleme, die im laufenden Serienprozess auftreten, schnellstmöglich abstellen zu können bzw. technische Änderungen der Entwicklung zeitnah umsetzen zu können.

d. Know-how-Transfer

Dieses Kriterium wurde mit in die Entscheidung aufgenommen, um den möglichen Know-how-Transfer hinsichtlich des Fertigungsprozesses bewerten zu können. Es kann hierunter der eventuell notwendige Know-how-Transfer zum Aufbau des Know-how des Lieferanten oder im umgekehrten Sinne der Zufluss von Know-how des Lieferanten in das eigene Unternehmen verstanden werden.

e. Unabhängigkeit vom Lieferanten

Die Unabhängigkeit des Unternehmens ist notwendig, um nicht durch die Alleinstellung eines Lieferanten in Abhängigkeit von diesem zu geraten oder durch die Verschiedenartigkeit der Produktionsmaschinen keine oder nur eine erschwerte Möglichkeit der Verlagerung der Produktion zu haben.

Alle weiteren möglichen, im Kapitel 4 beschriebenen Kriterien wurden für die vorliegende Situation aus verschiedenen Gründen nicht ausgewählt. Gründe hierfür sind z.B., dass die Versorgungssicherheit gewährleistet ist, da der Einkauf ausschließlich Lieferanten als Bereitstellungsalternative zulässt, bei welchen dieses Kriterium vorgängig schon als vollständig erfüllt anzusehen ist und die Alternativen in dieser Hinsicht schon als „vorgefiltert" anzusehen sind. Der Schutz von Designteilen vor der Öffentlichkeit oder Mitbewerbern ist insofern irrelevant, als Außenhautteile und Funktionsmaß bestimmende Teile vorgängig schon als Kernkompetenzen eingeordnet wurden und deshalb keiner weiteren Bewertung bedürfen.

Die Möglichkeit, dass ein Lieferant insolvent werden kann und somit nicht mehr lieferfähig ist, wird ebenfalls vom Einkauf überprüft und ist daher für die vorliegende Entscheidungssituation irrelevant.

6.4.2. Gewichtung der Kriterien

Der Gewichtung der Kriterien kommt eine wesentliche Bedeutung hinsichtlich ihres Einflusses auf das abschließende Ergebnis der qualitativen Bewertung zu. Es soll hier deshalb, um dieser Bedeutung Rechnung zu tragen, keine „Daumen*Pi" relative Schätzung der Kriterien verwendet werden, sondern ein differenziertes Verfahren der Kriteriengewichtung, welches die Kriterien paarweise miteinander vergleicht, um die schlussendliche, relative Gewichtung der Kriterien untereinander zu erhalten. Diese Gewichtung der Kriterien spiegelt in weiterer Folge den Anteil wider, den das Kriterium an der Gesamtentscheidung haben wird. Die Bewertungsschematik ist angelehnt an die vor allem im englischen Sprachraum bekannte Vorgehensweise des Analytic Hierarchy Process[107].

Um den Bewertungsprozess beginnen zu können, ist anfänglich eine Bewertungsmatrix zu erstellen, in der die Kriterien waagrecht und senkrecht eingetragen werden. Die Diagonale bleibt leer, da man nicht ein- und dasselbe Kriterium mit sich selbst vergleichen kann.

	Qualität	Unabhängigkeit	Flexibilität	nächste Fertigungsstufe	Know-how-Transfer
Qualität	■				
Unabhängigkeit		■			
Flexibilität			■		
nächste Fertigungsstufe				■	
Know-how-Transfer					■

Darstellung 13: Beispielhafter Aufbau der Bewertungsmatrix

---

[107] Vgl. (easy-mind 2005)

Da nun die Bewertungsmatrix für die Gewichtung erstellt ist, kann mit der eigentlichen Bewertung der Kriterien zueinander begonnen werden.

Um die relative Bedeutung der Kriterien untereinander festlegen zu können, ist es notwendig, die Kriterien in einen paarweisen Vergleich zueinander zu stellen. Hierfür werden die Kriterien der Zeilen mit den Kriterien aus den Spalten verglichen.

Der erste Vergleich lautet gemäß dieses Beispieles:

	Qualität	Unabhängigkeit	Flexibilität	nächste Fertigungsstufe	Know-how-Transfer
Qualität		2	2	2	2
Unabhängigkeit	0		0	0	1
Flexibilität	0	2		0	2
nächste Fertigungsstufe	0	2	2		2
Know-how-Transfer	0	1	0	0	

Darstellung 14: Beispiel einer ausgefüllten Bewertungsmatrix

Ist die „Qualität" wichtiger als die „Unabhängigkeit"?

Lautet die Antwort:
- „ja" (wie im Vergleich des Beispiels), so ist in das Vergleichsfeld der Punktwert 2 einzutragen;
- sind die Kriterien gleichgewichtig, so ist der Punktwert 1 in das betreffende Vergleichsfeld einzutragen;
- lautet die Antwort „nein", das Kriterium ist unwichtiger, so ist ein Punktwert von 0 in das Vergleichsfeld einzutragen.

Sind alle Felder oberhalb der Diagonale - in obigem Beispiel hellgrau schattiert – ausgefüllt, so werden diese spiegelbildlich in die Felder unterhalb der Diagonale übertragen, wobei zu beachten ist, dass aus einem Punktwert von 0 bei der Übertragung ein Punktwert von 2 wird, 1 ergibt wieder 1 und 2 ergibt 0.

Es sind nun noch die Gewichte der einzelnen Kriterien zu ermitteln, indem die von ihnen erreichte Punkteanzahl zeilenweise addiert wird. Da im vorliegenden Fall im weiteren Modell der maximal erreichbare Wert der Bewertung 100 und nicht 1 ergeben soll, sind die Gewichte auf eine Gesamtsumme von 10 zu skalieren. Der Skalierungsfaktor kann berechnet werden, indem man die gewünschte Gesamtsumme der Gewichte durch die aktuelle Gesamtsumme dividiert. Im vorliegenden Fall also 10/20 = 0,5. Die schlussendlichen Gewichtungen und damit Anteile an der Gesamtentscheidung ergeben sich aus Skalierungsfaktor * Gewicht. Wollte man die Gewichte auf 1 skalieren, so hätte sich der Skalierungsfaktor berechnet aus 1/20 = 0,05.

	Qualität	Unabhängigkeit	Flexibilität	nächste Fertigungsstufe	Know-how-Transfer	Gewicht	skaliertes Gewicht
Qualität		2	2	2	2	8	4
Unabhängigkeit	0		0	0	1	1	0,5
Flexibilität	0	2		0	2	4	2
nächste Fertigungsstufe	0	2	2		2	6	3
Know-how-Transfer	0	1	0	0		1	0,5
					Summe 20	10
					Skalierungsfaktor	0,5

Darstellung 15: Beispiel einer aufgefüllten Bewertungsmatrix mit Auswertung der relativen Gewichte

6.4.3. Festlegung der Bewertungsskala

Da in der Bewertung maximal 100 Punkte erreichbar sein sollen, um eine gute Vergleichbarkeit der Alternativen hinsichtlich ihrer prozentuellen Abweichungen erreichen zu können, wurde als Bewertungsskala eine Skala von 0 – 10 festgelegt, wobei „0" bedeutet, dass das Kriterium in keiner Weise erfüllt wird und mit „10" Punkten als vollständig erfüllt angesehen werden kann. Als Richtlinie kann hierbei folgende Skala verwendet werden:

10   Punkte – die Alternative erfüllt das Kriterium „ausgezeichnet"
9   Punkte – die Alternative erfüllt das Kriterium „sehr gut"
8   Punkte – die Alternative erfüllt das Kriterium „gut"
6 - 7 Punkte – die Alternative erfüllt das Kriterium „ausreichend"
0 - 5 Punkte – die Alternative erfüllt das Kriterium „unzufriedenstellend"

6.4.4. Festlegung der Mindestanforderungen

Bei der Festlegung der Mindestanforderungen wurde im gemeinsamen Abstimmungsprozess entschieden, für verschiedene Teileklassen verschiedene Mindestanforderungen zu definieren. Der Einteilung der AUDI AG folgend, werden für folgende Teileklassen folgende Mindestanforderungen festgelegt:

Kriterium	Einfachste Teile	Einfache Teile	Schwierige Innenteile
Qualität	7	8	9
Nächste Fertigungsstufe	7	8	9
Flexibilität	6	7	8
Know-how-Transfer	-	-	-
Unabhängigkeit	-	-	-

Darstellung 16: Festgelegte Mindestanforderungen nach Teileklassifizierung

Die Mindestanforderungen wurden hinsichtlich ihrer Bedeutung für die Gesamtqualität des Fahrzeuges festgelegt. Die Kriterien „Know-how-Transfer" und „Unabhängigkeit" wurden als variabel angesehen und unterliegen keiner Mindestanforderung.

6.5 Präsentation und Erklärung des Modells

Zur Veranschaulichung wird an dieser Stelle zuerst das Modell präsentiert, um es in weiterer Folge detaillierter erklären zu können.

K.O.-Kriterien (zutreffendes ankreuzen)				Legende	
Kernkompetenz	☐ zutreffend	☐ nicht zutreffend		zwingend Fremdbezug	(rot)
Keine Kompetenz	☐ zutreffend	☐ nicht zutreffend		weitere Bewertung	(gelb)
Liquidität	☐ vorhanden	☐ nicht vorhanden		zwingend Eigenfertigung	(grün)
Kapazität	☐ vorhanden	☐ nicht vorhanden			

	Gewichtung	Mindest-anforderungen	Kriterium	Alternative 1 (Eigenfertigung)	Alternative 2 (Fremdbezug)
Quantitatives Kriterium			Kosten der Alternative		
	4		Einzelteil-Qualität		
	3		Auswirkungen auf die nächste Fertigungsstufe		
Qualitative Kriterien					
	2		Flexibilität (Änderungen - Änderungsgeschwindigkeit)		
	0,5		Know-how Transfer		
	0,5		Unabhängigkeit		
Gesamtscore Qualitative Kriterien	10				
Bonus für qualitative Vorteilhaftigkeit					
Gesamtkosten					

Darstellung 17: Schema des erarbeiteten Bewertungsmodells

Das Modell setzt sich im Wesentlichen zusammen aus
- K.O.-Kriterien,
- dem quantitativen Kriterium,
- den qualitativen Kriterien,
- deren Gesamtscore sowie
- den Gesamtkosten, welche sich aus der Kombination der quantitativen und qualitativen Kriterien ergeben.

Es wird nun dem Bewertungsablauf folgend auf die Bestandteile des Modells eingegangen und diese werden erklärt.

6.5.1. K.O.-Kriterien:

Der erste Bewertungsblock des Modells besteht aus K.O.-Kriterien. Es ist abzuwägen, ob die im Modell aufgeführten K.O.-Kriterien zutreffen oder nicht. Trifft ein K.O.-Kriterium zu, so ist die Bewertung abzubrechen und die Entscheidung ist dem Farbcode obiger Legende zufolge zu treffen. Sollte der Fall eintreffen, dass die vorhandene Kapazität nicht ausreicht, so ist die Entscheidung abzubrechen, da dies ein K.O.-Kriterium darstellt. Diese Situation ist als Einzelteil nicht weiter bewertbar. Dieser Fall muss dann einer Investitionsrechnung unterzogen werden und/oder daraufhin überprüft werden, ob weitere Arbeitskräfte auf dem Markt verfügbar sind. Im Zuge dieser Investitionsrechnung wird aber höchstwahrscheinlich aufgrund der neu zu schaffenden Kapazitäten nicht über ein Einzelteil sondern über ganze Pakete bzw. Programme entschieden.

6.5.2. Quantitatives Kriterium

Unter dem Punkt quantitatives Kriterium ist der im vorhergehenden Kapitel beschriebene Kapitalwert der Alternative zu berechnen, mit (-1) zu multiplizieren und in das Feld einzutragen. Die Multiplikation mit (-1) erfolgt deswegen, weil die Kapitalwertmethode in Entscheidungssituationen wie der vorliegenden immer einen negativen Wert ergibt, wenn es sich ausschließlich um Auszahlungen ohne Einzahlungen handelt. Der Wert soll jedoch positiv dargestellt werden und als Kosten der Alternative bezeichnet werden. Wichtig ist, dass bei der Berechnung die gesamten verursachungsgerecht zuordenbaren Kosten der Alternative über die Modelllaufzeit berücksichtigt werden.

6.5.3. Mindestanforderungen

Sind die ausgewiesenen K.O.-Kriterien nicht entscheidend, so ist die Bewertung regulär weiterzuführen. Vorerst sind in die betreffenden Felder die vorher festgelegten Mindestanforderungen, basierend auf der Klassifizierung des entsprechenden Teiles, einzutragen. Wird nun im weiteren Verlauf der Bewertung eine Mindestanforderung unterschritten, so ist diese Alternative sofort von der Bewertung auszuschließen und die dementsprechend andere(n) Alternative(n) ist (sind) auszuwählen bzw. sind weiter zu bewerten.

6.5.4. Kriteriengewichtung

Die vorher bestimmten Kriteriengewichtungen wurden für die qualitativ bewertbaren Kriterien gemäß abgestimmter Festlegung in das Modell unter der Spalte Gewichtung eingetragen.

6.5.5. Bewertung

Die Bewertung der Kriterien der Alternativen erfolgt, wie unter dem Punkt Bewertungsskala festgelegt wurde, von 0 – 10 Punkte. Die maximal erreichbare Punkteanzahl pro Alternative beträgt damit 100 Punkte.

Es ist darauf zu achten, dass die Punkte sehr sensitiv und möglichst objektiv bzw. intersubjektiv verteilt werden müssen, um nicht die Bewertung und somit das Ergebnis zu verzerren.

6.5.6. Errechnung des Gesamtscores der qualitativen Kriterien

Die Gesamtpunkteanzahl der qualitativen Kriterien errechnet sich aus der Summe der Gewichte der Kriterien multipliziert mit den bewerteten Teilnutzen (siehe hierzu Abschnitt 7.3).

6.5.7. Bonus für qualitative Vorteilhaftigkeit

Um den Bonus für die strategische Vorteilhaftigkeit errechnen zu können, ist es zunächst notwendig, die Differenz des Gesamtscores der qualitativen Kriterien der Alternativen zu berechnen.

Der nächste Schritt ist diejenige Alternative, die den höheren qualitativ bewertbaren Gesamtpunktwert aufweist, einen Kostenbonus für ihre qualitative Vorteilhaftigkeit zu geben. Es wurde im Zuge dieser Arbeit mit den Verantwortlichen festgelegt, dass, wenn sich der strategische Wert einer Alternative um den Wert X besser gestaltet, Mehrkosten von $\frac{X}{2}$ akzeptiert werden. Dies bedeutet, dass, wenn jene Alternative, die aus der qualitativen Bewertung als bessere hervorgeht, einen punktemäßigen Vorteil von 10 Punkten aufweist, Mehrkosten von 5% gerechnet auf die günstigere Alternative akzeptiert werden.

6.5.8. Gesamtkosten

Die Gesamtkosten errechnen sich aus dem quantitativen Kriterium der Alternative abzüglich des Bonus für die qualitative Vorteilhaftigkeit, vorausgesetzt, dass dieser für die betreffende Alternative zutrifft. Ansonsten ergeben sich die Gesamtkosten aus dem zuvor in die Bewertung eingegangenen quantitativen Kriterium. Die Alternativen sind nun auf Ihre Vorteilhaftigkeit zu überprüfen, der nach eingehender Bewertung günstigeren Alternativen ist der Vorzug zu geben.

6.6 Überprüfung des Modells anhand aktueller Teile

6.6.1. Seitenwandrahmen

Ein eindrückliches Beispiel zur Demonstration der Bewertungsaufwandseinsparung durch die Vorfilterung anhand von K.O.-Kriterien, ist anhand des Seitenwandrahmens als kundenrelevantes Außenhautteil, welches in den Bereich der Kernkompetenz fällt, gegeben.

K.O.-Kriterien (zutreffendes ankreuzen)			Legende	
Kernkompetenz	☑ zutreffend	☐ nicht zutreffend	zwingend Fremdbezug	(rot)
Keine Kompetenz	☐ zutreffend	☐ nicht zutreffend	weitere Bewertung	(gelb)
Liquidität	☐ vorhanden	☐ nicht vorhanden	zwingend Eigenfertigung	(grün)
Kapazität	☐ vorhanden	☐ nicht vorhanden		

	Gewichtung	Mindest-anforderungen	Kriterium	Alternative 1 (Eigenfertigung)	Alternative 2 (Fremdbezug)
Quantitatives Kriterium			Kosten der Alternative		
	4		Einzelteil-Qualität		
	3		Auswirkungen auf die nächste Fertigungsstufe		
Qualitative Kriterien					
	2		Flexibilität (Änderungen - Änderungsgeschwindigkeit)		
	0,5		Know-how Transfer		
	0,5		Unabhängigkeit		
Gesamtscore Qualitative Kriterien	10				
Bonus für qualitative Vorteilhaftigkeit					
Gesamtkosten					

Darstellung 18: Beispiel des Modells mit zutreffender Kernkompetenz

Wie im obigen Modell dargestellt wurden zuerst die K.O.-Kriterien überprüft und festgestellt, dass es sich bei dem bewerteten Teil um ein Einzelteil handelt, das dem Kernkompetenzbereich unterliegt. Es ist nun anhand des Farbcodes der Legende zu eruieren, was es bedeutet, wenn das betreffende K.O.-Kriterium zutrifft. In diesem Falle lautet die Aussage, dass, um die Unternehmensziele zu unterstützen, zwingend selbst zu fertigen ist und das Teil damit als Hausteil ausgewiesen werden muss. Es ist keine weitere Bewertung mehr durchzuführen.

6.6.2. Boden hinten Vorderteil (gerechnet auf die geschätzte Gesamtstückzahl A4 – Nachfolger)

K.O.-Kriterien (zutreffendes ankreuzen)   Legende

Kernkompetenz	☐ zutreffend	☑ nicht zutreffend	zwingend Fremdbezug	(rot)
Keine Kompetenz	☐ zutreffend	☑ nicht zutreffend	weitere Bewertung	(gelb)
Liquidität	☑ vorhanden	☐ nicht vorhanden	zwingend Eigenfertigung	(grün)
Kapazität	☑ vorhanden	☐ nicht vorhanden		

	Gewichtung	Mindest-anforderungen	Kriterium	Alternative 1 (Eigenfertigung)	Alternative 2 (Fremdbezug)
Quantitatives Kriterium			Kosten der Alternative	€ 9.724.943	€ 11.689.188
	4	8	Einzelteil-Qualität	10	10
	3	8	Auswirkungen auf die nächste Fertigungsstufe	10	9
Qualitative Kriterien					
	2	7	Flexibilität (Änderungen - Änderungsgeschwindigkeit)	10	9
	0,5	-	Know-how Transfer	10	10
	0,5	-	Unabhängigkeit	10	8
Gesamtscore Qualitative Kriterien	10			100	94
Bonus für qualitative Vorteilhaftigkeit				€ 350.676	
Gesamtkosten				€ 9.374.267	€ 11.689.188

Gemäß der Angaben wird die Taufung als Hausteil empfohlen

Darstellung 19: Bewertung Boden hinten Vorderteil bei A4-Stückzahl

Bei vorliegender Bewertung errechnen sich die Kosten pro Alternative aus

- der Werkzeuginvestition,
- den Einzelkosten,
- Rationalisierung von 1% bei Eigenfertigung bzw. 3 % bei Fremdbezug pro Jahr für 5 Jahre sowie,
- dem Abzinsungsfaktor 10% pro Jahr.

Aufgrund einer Betriebsvereinbarung, wonach es bis 2011 keine betriebsbedingten Kündigungen geben werde, wurden die Personalkosten für 4 Jahre nicht verrechnet. Es handelt sich in diesem vorgegebenen Beispiel aus Datenschutzgründen lediglich um fiktive Zahlen. Die Zahlen wurden in ihrer Ausprägung derart verändert, dass das Ergebnis im Verhältnis seine Richtigkeit hat, die einzelnen Kostenkomponenten sich jedoch in Wirklichkeit anders gestalten würden. Die auf Basis dieser Daten errechneten Kosten ergeben sich für die Eigenfertigung aus:

$$Kw^{EF} = -800.000(Investition) - \frac{350.000(Stückzahl) \times 4{,}38(Einzelkosten)}{1{,}1^1} -$$
$$\frac{430.000 \times 4{,}38 \times 0{,}99(Rationalisierung)}{1{,}1^2} - \frac{410000 \times 4{,}38 \times 0{,}98}{1{,}1^3} - \frac{390.000 \times 4{,}38 \times 0{,}97}{1{,}1^4} -$$
$$\frac{370.000 \times 5 \times 0{,}96}{1{,}1^5} - \frac{350.000 \times 5 \times 0{,}95}{1{,}1^6} - \frac{330.000 \times 5 \times 0{,}95}{1{,}1^7} -$$
$$\frac{310.000 \times 5 \times 0{,}95}{1{,}1^8} = \sim -9.724.943€$$

Die Kosten des Fremdbezuges errechnen sich aus:

$$Kw^{FB} = 625.000(Investition) - \frac{350.000(Stückzahl) \times 6{,}04(Einzelkosten)}{1{,}1^1} -$$
$$\frac{430.000 \times 6{,}04 \times 0{,}99(Rationalisierung)}{1{,}1^2} - \frac{410000 \times 6{,}04 \times 0{,}98}{1{,}1^3} - \frac{390.000 \times 6{,}04 \times 0{,}97}{1{,}1^4} -$$
$$\frac{370.000 \times 6{,}04 \times 0{,}96}{1{,}1^5} - \frac{350.000 \times 6{,}04 \times 0{,}95}{1{,}1^6} - \frac{330.000 \times 6{,}04 \times 0{,}95}{1{,}1^7} -$$
$$\frac{310.000 \times 6{,}04 \times 0{,}95}{1{,}1^8} = \sim -11.689.188€$$

Die Kostenbasis wurde mit der im vorherigen Kapitel erläuterten Teilkostenrechnung ermittelt.

In der vorliegenden Bewertung wurde, nach der Errechnung des quantitativen Kriteriums die Einschätzung der Ausprägung der qualitativen Kriterien vorgenommen. Es wurden zunächst die K.O.-Kriterien überprüft und festgestellt, dass keine K.O.-Kriterien zutreffen, die Bewertung wird dementsprechend weitergeführt.

Da es sich um ein Teil der Klassifizierung „einfaches Teil" handelt, wurden die Mindestanforderungen dementsprechend eingetragen und mit der Bewertung begonnen.

Der Lieferant des entsprechenden Teiles war bekannt und wurde auch aufgrund dessen, dass es sich bei diesem Einzelteil um ein einfach herzustellendes Einzelteil handelt. In punkto Einzelteilqualität, gleich wie die Eigenfertigung, mit ausgezeichnet bewertet. Die Auswirkungen auf die nächste Fertigungsstufe wurde im Haus mit ausgezeichnet, also 10 Punkten bewertet, da sich die nächste Fertigungsstufe im Haus befindet. Die Alternative Fremdbezug wurde immer noch mit sehr gut oder 9 Punkten bewertet, da der Informationsfluss für die Abstimmung des Einzelteils mit der Schweißgruppe bei dem angenommenen Lieferanten immer noch sehr gut klappt. Selbiges gilt für die Flexibilität-Änderungen, es wurde hier der Lieferant immer noch als sehr gut und die Eigenfertigung von den ausführenden Planern als ausgezeichnet angesehen. Da kein Know-how-Transfer notwendig ist, d.h. beide Alternativen gleichwertig sind, wurde hier beiden Alternativen die volle Punkteanzahl von 10 gegeben. Im Punkt Unabhängigkeit ist im Hause vollständige Unabhängigkeit gegeben, der Zulieferer wurde hierbei mit 8 Punkten aufgrund des erschwerten Bezugswechsels etwas schlechter benotet.

Basierend auf diesen Daten wurde dann der Gesamtscore der qualitativen Kriterien errechnet und nachfolgend der strategische Unterschied der Alternativen von 6 Punkten (100-94 Punkte) ermittelt.

Der Bonus für die strategische Vorteilhaftigkeit ergibt sich aus den genehmigten Mehrkosten von $\frac{x}{2}$ der günstigeren Alternative, im aktuellen Fall also 3% von 9.724.943€. Der Bonus ergibt somit 291.748€.

Die Gesamtkosten inklusive der Berücksichtigung der strategischen Aspekte der Alternativen belaufen sich also für die Eigenfertigung auf 9.433.195€ und für den Fremdbezug auf 11.689.188€. Es wird, unter der Annahme der gesetzten Prämissen, empfohlen das betreffende Einzelteil selbst zu fertigen und somit als Hausteil zu taufen.

6.6.3. Boden hinten Vorderteil (gerechnet auf die geschätzte Gesamtstückzahl Audi „Le Mans")

Um die Stückzahlabhängigkeit der Entscheidung zu zeigen, soll anhand desselben Einzelteiles, welches soeben für die antizipierte Stückzahl des A4 errechnet wurde, eine Bewertung für den Le Mans, welcher mit einer signifikant niedrigeren Stückzahl produziert wird, eine Beispielrechnung durchgeführt werden.

K.O.-Kriterien (zutreffendes ankreuzen)

Kernkompetenz	☐ zutreffend	☑ nicht zutreffend
Keine Kompetenz	☐ zutreffend	☑ nicht zutreffend
Liquidität	☑ vorhanden	☐ nicht vorhanden
Kapazität	☑ vorhanden	☐ nicht vorhanden

Legende:
- zwingend Fremdbezug (rot)
- weitere Bewertung (gelb)
- zwingend Eigenfertigung (grün)

	Gewichtung	Mindest-anforderungen	Kriterium	Alternative 1 (Eigenfertigung)	Alternative 2 (Fremdbezug)
Quantitatives Kriterium			Kosten der Alternative	€ 903.782	€ 721.381
	4	8	Einzelteil-Qualität	10	10
	3	8	Auswirkungen auf die nächste Fertigungsstufe	10	9
Qualitative Kriterien					
	2	7	Flexibilität (Änderungen - Änderungsgeschwindigkeit)	10	9
	0,5	-	Know-how Transfer	10	10
	0,5	-	Unabhängigkeit	10	8
Gesamtscore Qualitative Kriterien	10			100	94
Bonus für qualitative Vorteilhaftigkeit				€ 21.641	
Gesamtkosten				€ 882.141	€ 721.381

Darstellung 20: Bewertung Boden hinten Vorderteil bei „Le Mans"-Stückzahl

Bei der Bewertung errechnen sich die Kosten pro Alternative aus

- der Werkzeuginvestition,
- den Einzelkosten,
- Rationalisierung von 1% bei Eigenfertigung bzw. 3 % bei Fremdbezug pro Jahr für 5 Jahre
- dem Abzinsungsfaktor 10% pro Jahr
- der Jahresstückzahl 4000 sowie
- 5€ entscheidungsrelevante Eigenfertigungskosten.

Es wurden in vorliegender Berechnung wiederum nur die entscheidungsrelevanten Kosten mit in die Berechnung aufgenommen. In diesem Beispiel wurde jedoch Vollbeschäftigung unterstellt und die Fertigungspersonalkosten somit über die gesamte Laufzeit mit verrechnet. Aus den gebildeten Kapitalwerten haben sich nach oben gezeigter Schematik Kapitalwerte von 903.782€ der Eigenfertigung und 721.381€ für den Fremdbezug ergeben. Die Kostenbasis wurde mit der im vorherigen Kapitel erläuterten Teilkostenrechnung ermittelt.

Die strategischen Kriterien wurden, da es sich um dasselbe zu bewertende Einzelteil wie in vorhergehender Bewertung handelt, gleich behandelt und bei den Werten der vorhergehenden Bewertung belassen.

Bereinigt um den Bonus für strategische Vorteilhaftigkeit würden sich unter Gültigkeit der gesetzten Prämissen dieses Modells Gesamtkosten der Hausfertigung von 882.141€ ergeben. Im Vergleich dazu liegen die Gesamtkosten des Fremdbezuges bei 721.381€ und sind damit immer noch günstiger. Es wird in diesem Falle also die Taufung als Kaufteil und somit der Fremdbezug empfohlen.

Obwohl bei einer hohen Stückzahl, wie aus vorigem Beispiel ersichtlich wurde, die Eigenfertigung noch hoch wirtschaftlich ist, ist bei entsprechend niedrigerer Stückzahl und einer anderen Auslastungssituation des Unternehmens der Fremdbezug günstiger. Dieses Beispiel kann daher vorzüglich verwendet werden, um die Abhängigkeiten von den in der Sensitivitätsanalyse angesprochenen Komponenten zu verdeutlichen.

7 Schlussbetrachtung

Es wurde im Verlauf der Arbeit gezeigt, dass die gewählte, langfristige Strategie eines Unternehmens der maßgebliche Bestimmungsfaktor für Make-or-Buy-Entscheidungen ist. Die Strategie und deren Bewertung lassen sich weiter unterteilen in quantifizierbare, monetär bewertbare Entscheidungskomponenten und qualifizierbare, nicht direkt monetär bewertbare Entscheidungskomponenten.

In den ersten Kapiteln wurden sowohl die Grundlagen für Make-or-Buy-Entscheidungen aufgezeigt als auch die aktuellen, relevantesten Ansätze in der Literatur diskutiert. Die zitierten Literaturstimmen lauten übereinstimmend dahingehend, dass bei einer Make-or-Buy-Entscheidung nicht nur Kostenvergleiche bezüglich der Produktionskosten anzustellen sind, sondern auch die zu erwartenden Transaktionskosten und strategische Überlegungen zu berücksichtigen sind. Dabei ergibt sich meist eine Empfehlung für die Eigenfertigung, wenn die Komponenten „Spezifität" und „strategische Bedeutung der Leistung" dominieren und auch viele Auslagerungsbarrieren auszumachen sind. Hingegen ist Fremdbezug sinnvoll, wenn es sich nach Abwägung aller Komponenten hauptsächlich um standardisierte, wenig spezifische Leistungen handelt.

Im Kapitel der qualifizierbaren Komponenten wurden 15 mögliche Entscheidungskriterien diskutiert, die für die Fertigungsplanung der AUDI AG adaptiert wurden und bei Hinzukommen neuer Aspekte jederzeit erweiterbar bzw. modifizierbar sind. Die Kriterien variieren naturgemäß in verschiedenen Entscheidungssituationen. Die aus den Unternehmenszielen und der Strategie abgeleiteten Kernkompetenzen sind das effektivste Mittel einer Vorfilterung der Alternativen. D.h., nur noch im Bereich zwischen den Extremen „Kernkompetenz" und „keine Kompetenz" ist eine detaillierte

Investitionsrechnung ausgerichtet an den strategischen Kriterien notwendig, um zu einer fundierten Entscheidung zu gelangen.

Als Ergebnis aus dem Kapitel der quantifizierbaren Kriterien kann abgeleitet werden, dass bei Make-or-Buy-Entscheidungen nur die entscheidungsrelevanten Kosten in einen Kostenvergleich der Eigenfertigung mit dem Fremdbezug mit aufzunehmen sind. Um diese entscheidungsrelevanten Kosten herauszufinden, ist es notwendig, fixe Kosten von variablen Kosten zu trennen und die Auslastungssituation des Unternehmens im Planungszeitraum mit in das Kalkül der Berechnung einzubeziehen. Die beste Grundlage hierfür bilden die Systeme der Teilkostenrechnung.

Aufbauend auf diese erarbeiteten Entscheidungskomponenten wurde abschließend ein Modell zur Bewertung der Bezugsartenalternativen entwickelt und anhand von Beispielen in seiner Funktionalität demonstriert. Dieses Modell basiert grundsätzlich auf den Prinzipien der Nutzwertanalyse, um explizit verschiedene Ziele in ihrer Bedeutung zueinander gewichten und bewerten zu können. Wichtig ist, dass dieses Modell nicht als statisch angesehen werden kann und darf. Das Modell muss stets der jeweiligen Unternehmenssituation angepasst werden und die Kriterien müssen fortlaufend hinsichtlich ihrer Relevanz für die Zielerreichung überprüft werden. Ein Ergebnis dieser Überprüfung kann sowohl sein, dass Kriterien neu aufgenommen bzw. weggelassen werden oder in ihrer Gewichtung verändert werden. Die Aussagen des Modells können bei Bedarf nochmals mit den grundsätzlichen Gestaltungsempfehlungen der diskutierten Ansätze der Literatur verglichen und abgewogen werden.

Ausblick

Da dieses Modell auf die Wirtschaftlichkeit und strategische Richtigkeit fokussiert ist, wäre die daraus resultierende Entscheidung des Weiteren hinsichtlich ihrer sozialen Auswirkungen zu untersuchen. Trotz der wirtschaftlichen Betrachtungsweise des Modells, sollte der Faktor „Menschlichkeit" bei der Entscheidungsfindung ebenfalls ausreichend zur Geltung kommen. Ein weiterer Aspekt ist die Betrachtung der Baukasten- und Modulstrategie hinsichtlich der sich ergebenden Stückzahleffekte. Eine Ergänzung und Weiterentwicklung zu diesem Modell wäre die prozesskostenmäßige Erfassung der indirekten, verursachungsgerecht zuordenbaren anfallenden Kosten und Transaktionskosten, welche zum momentanen Zeitpunkt lediglich als Schätzung in das Modell miteinbezogen werden.

Literaturverzeichnis

- Baur, C. (1990): Make-or-Buy-Entscheidungen in einem Unternehmen der Automobilindustrie. Empirische Analyse und Gestaltung der Fertigungstiefe aus transaktionskosten-theoretischer Sicht. München: VVF.

- Boutellier, R.; Wagner, St.; Wehrli, H. P. (2003): Handbuch Beschaffung. München/ Wien: Carl Hanser.

- Dittrich, J.; Braun, M. (2004): Business Process Outsourcing. Entscheidungsleitfaden für das Out- und Insourcing von Geschäftsprozessen. Stuttgart: Schäffer-Poeschel Verlag.

- Eisele, W. (2002): Technik des betrieblichen Rechnungswesens. Buchführung und Bilanzierung. Kosten- und Leistungsrechnung. Sonderbilanzen. 7. Auflage. München: Verlag Vahlen.

- Grafmüller, M. H. (2000): Prozessmanagement in der Automobilindustrie. Betriebliche Umsetzung am Beispiel Volkswagen AG. Wiesbaden: Gabler.

- Harrigan, K. R. (1983): Strategies for Vertical Integration. Toronto: Lexington-Mass.

- Hess, W.; Tschirky, H.; Lang, P. (1989): Make or Buy. Neue Dimension der strategischen Führung. Zürich: Verlag Industrielle Organisation.

- Hinterhuber, H.H. (1996): Strategische Unternehmensführung. 6. Auflage. Berlin; New York: W. de Gruyter Verlag.

- Horváth, P.; Mayer,R. (1989): „Prozeßkostenrechnung. Der neue Weg zu mehr Kostentransparenz und wirkungsvolleren Unternehmensstrategien." In: Controlling, 1. Jg. (1989), H. 4, S.214-219.

- Gälweiler, A. (2005): Strategische Unternehmensführung. 3. Auflage. Frankfurt a. Main: Campus.

- Macha, R. (1998): Grundlagen der Kosten- und Leistungsrechnung. Eine praxisorientierte Einführung mit Fallbeispielen und Aufgaben. Frankfurt a. Main; New York: Campus.

- Männel, W. (1996): Wahl zwischen Eigenfertigung und Fremdbezug. 2. überarbeitete Auflage, Nachdruck 1996. Lauf a. d. Pegnitz: Verlag der GAB.

- Matje, A. (1996): Kostenorientiertes Transaktionscontrolling. Konzeptioneller Rahmen und Grundlagen für die Umsetzung. Wiesbaden: Gabler.

- Melchert, M. (1992): Entwicklung einer Methode zur systematischen Planung von Make or Buy-Entscheidungen. Ein Beitrag zur Bestimmung der optimalen Fertigungstiefe. Aachen: Shaker.

- Mercer Management Consulting; Fraunhofer Gesellschaft (Hrsg.) (2004): Future Automotive Structure 2015. Struktureller Wandel, Konsequenzen, und Handlungsfelder für die Automobilentwicklung und Produktion. Januar 2004.

- Picot, A; Dietl, H. (1990): „Transaktionskostentheorie" In: Wirtschaftswissenschaftliches Studium, 19. Jg. (1990), S. 178-184.

- Picot, A. (1991): „Ein neuer Ansatz zur Gestaltung der Leistungstiefe." In: Zeitschrift für betriebswirtschaftliche Forschung, 43. Jg. (1991), H. 4, S. 336-357.

- Porter, M. E. (1995): Wettbewerbsstrategie. Methoden zur Analyse von Branchen und Konkurrenten. 8. Auflage. Frankfurt a. Main; New York: Campus.

- Reichmann, Th.; Palloks, M. (1995): „Make-or-Buy-Entscheidung. Was darf der Fremdbezug kosten, wenn die eigenen Kosten weglaufen?" In: Controlling, 7. Jg (1995), H. 1, S. 4-11.

- Schätzer, S. (1999): Unternehmerische Outsourcing-Entscheidungen. Eine transaktionskostentheoretische Analyse. Wiesbaden: Gabler.

- Scheffen, O. (1995): Optionspreistheoretische Fundierung der langfristigen Entscheidung zwischen Eigenherstellung und Fremdbezug. Berlin: Duncker & Humblot.

- Schneider, D.; Baur, C.; Hopfmann, L. (1994): Re-Design der Wertekette durch Make or Buy. Konzepte und Fallstudien. Wiesbaden: Gabler.

- Siegwart, H. (1992): „Die Prozesskostenrechnung" In: Siegwart, H (Hrsg.): Jahrbuch zum Finanz- und Rechnungswesen 1992. Zürich: WEKA-Verlag, S. 121-133.

- Simon, H. (2004): Think!. Strategische Unternehmensführung statt Kurzfrist-Denke. Frankfurt/Main: Campus Verlag.

- Strache, H. (1981): Analyse und Bewertung von Fremd- und Eigenleistungen. Make or Buy. Wiesbaden: Gabler.

- Teichmann, St. (1995): Logistiktiefe als strategisches Entscheidungsproblem. Berlin: Duncker & Humblot.

- Westkämper, E.; Wildemann, H. (1992): Make or Buy & Insourcing. München: TCW Transfer-Centrum GmbH.

Quellen im Internet:

- 4managers (2005): Kernkompetenzen. Online im Internet: URL: http://www.4managers.de/01-Themen/..%5C10-Inhalte%5CASP%5CKernkompetenzen.asp?hm=1&um=K (Zugriff am: 29.6.2005).

- easy-mind (2005): Nutzwertanalyse mit Beispielen. Online im Internet: URL: http://community.easymind.info/page-76.htm (Zugriff am: 30.06.2005).

- Wikipedia – die freie Enzyklopädie (2005a): Eigenfertigung oder Fremdbezug. Online im Internet: URL: http://de.wikipedia.org/wiki/Make-or-Buy (Zugriff am: 30.06.2005).

- Wikipedia – die freie Enzyklopädie (2005b): Fertigungstiefe. Online im Internet: URL: http://de.wikipedia.org/wiki/Fertigungstiefe (Zugriff am: 30.06.2005).

- Wikipedia – die freie Enzyklopädie (2005c): Prozesskostenrechnung. Online im Internet: URL: Http://de.wikipedia.org/wiki/Prozesskostenrechnung (Zugriff am: 30.06.2005).

Die VDM Verlagsservicegesellschaft sucht für wissenschaftliche Verlage abgeschlossene und herausragende

Dissertationen, Habilitationen, Diplomarbeiten, Master Theses, Magisterarbeiten usw.

für die kostenlose Publikation als Fachbuch.

Sie verfügen über eine Arbeit, die hohen inhaltlichen und formalen Ansprüchen genügt, und haben Interesse an einer honorarvergüteten Publikation?

Dann senden Sie bitte erste Informationen über sich und Ihre Arbeit per Email an *info@vdm-vsg.de*.

Sie erhalten kurzfristig unser Feedback!

VDM Verlagsservicegesellschaft mbH
Dudweiler Landstr. 99   Telefon +49 681 3720 174
D - 66123 Saarbrücken   Fax   +49 681 3720 1749
www.vdm-vsg.de

Die VDM Verlagsservicegesellschaft mbH vertritt